教育信息化背景下高校大学英语教学改革模式

郭向宇 著

延边大学出版社

图书在版编目（CIP）数据

教育信息化背景下高校大学英语教学改革模式 / 郭向宇著. -- 延吉：延边大学出版社，2020.12
　　ISBN 978-7-230-00323-0

　Ⅰ. ①教… Ⅱ. ①郭… Ⅲ. ①英语－教学改革－研究－高等学校 Ⅳ. ①H319.1

中国版本图书馆 CIP 数据核字（2020）第 240197 号

教育信息化背景下高校大学英语教学改革模式

著　　　者：郭向宇
责任编辑：文　熠
封面设计：延大兴业
出版发行：延边大学出版社
社　　　址：吉林省延吉市公园路 977 号　　　邮　　编：133002
网　　　址：http://www.ydcbs.com　　　E-mail：ydcbs@ydcbs.com
电　　　话：0433-2732435　　　传　　真：0433-2732434
制　　　作：山东延大兴业文化传媒有限责任公司
印　　　刷：延边延大兴业数码印务有限责任公司
开　　　本：787×1092　1/16
印　　　张：18
字　　　数：200 千字
版　　　次：2022 年 3 月 第 1 版
印　　　次：2022 年 3 月 第 1 次印刷
书　　　号：ISBN 978-7-230-00323-0

定价：56.00 元

作者简介

郭向宇,辽宁沈阳人,沈阳科技学院讲师,硕士。研究方向为英语教学及汉英语言文化对比。主要从事高校非英语专业及国际合作班的英语教学工作。

前 言

人类社会的发展与技术的进步息息相关,三次产业革命都促进了世界的改变,促进了人类社会的进步与发展。自二十世纪五十年代以后,信息技术迅猛发展,信息社会来临,社会的生产方式发生了根本性的变化。以计算机技术、网络技术、高密存储技术等为代表的信息技术被广泛应用于社会各个方面,同时也对教育产生了深刻影响。人类社会也进入了以知识作为生产要素的知识经济时代,"信息化"成为时代特征。

信息技术的迅速发展和广泛应用,也给教育工作带来了革命性的变化,对传统的教育思想、教育观念、教育内容、教育模式和教育方式方法都产生了巨大的冲击。教育信息化也成为国家信息化战略的重要组成部分,使得教育思想和观念发生了转变,深化了教育改革,促进了教育质量和教育效率的提高,为创新人才的培养提供了重要手段。

网络技术的迅速普及和广泛应用,促进了社会的信息化发展。"社会信息化"广泛体现于各个行业,同时也促进了"教育信息化"的发展,政府也通过各种形式,来促进教育信息化的发展,这充分体现了教育信息化的重要性。教育信息化是指在教育领域(教育管理、教育教学和教育科研)全面深入地运用现代信息技术来促进教育改革与发展。教育信息化要求教育中必须充分体现数字化,要求信息传输网络化、教育过程智能化、教育形式实媒体化,充分体现开放、交互、协作和共享的特点。

通过教育信息化水平的提高来实现教育的现代化，促进教育的改革，实现教育的目标。国家也多次发布相关规划、政策、法规来布局教育信息化工作，促进教育信息化发展。同时国家教育部每年都印发教育信息化工作要点，以指导我国的教育信息化工作。

目 录

第一章 教育信息化的理论研究 1

第一节 浅谈教育与信息化 1

第二节 教育信息化的三要素 6

第三节 大学教育信息化探讨 10

第四节 教育信息化与大学课堂 17

第五节 教育信息化资源发展战略 24

第二章 大学英语教学的基本理论 29

第一节 大学英语教学观察与思考 29

第二节 大学英语教学科学化改革的思路 37

第三节 价值引领融入大学英语教学 41

第四节 大学英语教学的特点及策略研究 54

第五节 合作原则对大学英语教学的启示 60

第六节 有机教育与大学英语教学 66

第三章 现代信息技术与英语教学 71

第一节 现代信息技术及其应用 71

第二节 基于信息技术的英语教学 78

第三节 基于在线方式的 E-Learning 85

第四节 信息技术与学科教学整合的含义和意义 90

第五节 信息技术与英语学科教学整合的内容、范畴和对象 97

第六节　信息技术与英语新课程教学整合的方法 ……… 103

第四章　教育信息化背景下英语教学的理论研究 ……… 109

第一节　英语教学与教育信息化 ……………………… 109
第二节　教育信息化与大学英语教学模式 …………… 113
第三节　教育信息化与大学英语翻转课堂教学 ……… 117
第四节　教育信息化与大学英语教学改革 …………… 122
第五节　教育信息化与大学英语有效教学 …………… 132
第六节　大学英语信息化教学方案设计 ……………… 137
第七节　大学英语教师信息化教学能力发展 ………… 143

第五章　教育信息化背景下英语教学的改革 ……… 149

第一节　教育信息化与大学英语混合式教学 ………… 149
第二节　教育生态学与大学英语信息化教学 ………… 157
第三节　教育信息化与大学英语口语教学 …………… 165
第四节　信息化教育与大学英语课堂的深度融合 …… 170
第五节　信息化时代微课与大学英语教学 …………… 175
第六节　信息化与大学英语后续课程"个性化"教学 … 181

第六章　现代信息技术与英语教学模式 ……… 193

第一节　基于信息技术的大学英语动态分层教学模式 … 193
第二节　信息技术支撑下的大学英语课堂互动模式 … 198
第三节　信息技术环境下的英语专业笔译教学模式 … 202
第四节　基于现代信息技术的大学英语"多元互动"
　　　　教学模式 ……………………………………… 208

第五节　基于现代信息技术的大学英语自主学习教学模式 212

　　第六节　信息技术背景下的大学英语阅读教学新模式 220

　　第七节　信息技术环境下的大学英语听说混合学习模式 224

　　第八节　信息技术与多模态语境下的大学医学英语

　　　　　　口语教学模式 228

第七章　现代信息技术与英语教学应用探究 235

　　第一节　信息技术在大学英语听说教学中的应用 235

　　第二节　信息技术在大学英语教学中的应用 239

　　第三节　信息技术在大学英语翻转课堂中的应用 248

　　第四节　信息技术在大学英语智慧教学中的应用 254

　　第五节　信息技术在多模态体验式大学英语教学中的应用 258

　　第六节　基于信息技术的网络平台在大学英语教学中的应用 ... 263

　　第七节　信息技术结合 PBL 教学模式在大学英语

　　　　　　教学中的应用 266

参考文献 273

第一章　教育信息化的理论研究

第一节　浅谈教育与信息化

　　信息技术的发展，给教师的进一步发展带来了新的机遇。在"互联网+"的背景下，教师只有审时度势，积极学习应用新技术，以积极的态度来应对新时期，才有可能应时而上，突出发展自己，成为时代的弄潮儿。

　　学院的录播教室不同于传统的投影仪，录播教室的屏幕可以投影手机屏幕，教师可以通过手机控制大屏幕，也可以直接触摸大屏幕进行翻页、划线等。学生各有一个 iPad，可以用来答题。为了留下视频资料，上课时会全程录像。课上得很顺利，借助这些信息化工具可以更有效地组织教学，这是一个全新的体验。

　　信息化教学指在教学中应用信息技术手段，使教学的所有环节都数字化，从而提高教学质量和效率，这是一种以现代教学理念为指导、以信息技术为支持、应用现代教学方法的教学方式。在信息化教学中，观念、组织、内容、模式、技术、评价、环境等一系列因素都实现了信息化。

一、教育信息化现状

东南大学谢主任主讲的"信息化教学创新的向度"将理论联系实践，生动活泼，讲述了信息化对现代教育工作的影响，深入浅出，引人深思。在这个科技迅猛发展的时代，"信息化"一词出现的频率越来越高，什么是信息化，传统教学应如何利用信息化手段，成为新时期教师需要关注的重点。最早使用"信息"一词的是日本学者，起源于20世纪60年代，随后这一概念传播到西方，在20世纪70年代末开始被认可。信息化是指以计算机为基础的智能工具所代表的新生产力的培育和发展。信息化教学是借助计算机、网络、多媒体等工具，提高教学效果和教学效率，激发学生的学习兴趣，帮助学生理解吸收知识。

二、教育信息化策略

对于如何将信息化融入日常教学管理工作中，有效推动教育均衡化发展、高质量发展，如何在课堂中使用信息化手段辅助教学，提高课堂效率，完成教学目标，做到信息化教学，笔者有如下思考：

（一）双向融合

1.在教育教学中不断结合新技术

传统的教学以教师讲授为主，教师根据自己对知识的掌握与理解向学生讲授，学生以"听讲"为主要学习方式。过去要求课堂安静严肃，教师说一不二。随着科技的发展,其带动了观念的改变,现代教学已悄然发生变化。一堂好课,教师要做到精讲,给学生充分展示自我的空间。只要学生能做的事情,教师一定要放手让学生去做,充分相信学生的能力,努力挖掘学生发展的潜力。"以学生为主体"这一转变,不是文件上一句"要进行教学改革"就能实现的,需要教师不断地研究实践、反省创新,需要现代信息技术的支持,如多媒体、教学软件、教学平台等。谢博士认为,如果没有信息技术,有些课程根本无法开课。这点笔者也深有体会,会计专业有一门课程叫"会计电算化",这是一门理论和实践相辅相成的学科,有一大半课程会在机房中进行。学生通过操作会计软件,编制凭证、报表等,熟悉软件功能。如果没有计算机,没有财务软件,那么这门课上起来就毫无意义,终将纸上谈兵。

2.在技术创新中注重对教育的支持

科技推动社会进步,科技的每一步发展都对教育产生了深远影响。网络技术的发展正在成为教育发展的助推器。人类的教育手段伴随着科技的发展而不断改进,反过来,教育手段的改进进一步促进了教育的发展,也就间接地促进了科技的进步和发展。谢博士抛出一个问题:到底是"互联网+教育"还是"教育+互联网"?要弄清楚这个问题就要先要清楚加号前后位置的意义。如果按照谁在前谁主导的原则,应该是教育主导,也就是"教育+互联网"。因为不管互联网功能多强大,也只是教育的辅助,是一种实现教育的方法手段,它是服务于教育的。离开教育的主导,互联网是否对个人成长起正面促进作用都要打问号。现在的孩子走路看手机,上课看手机,恨不得睡觉也抱着手机,离了网络仿佛失去了灵魂,那么他们是在利用网络学习吗?估计大部分家长会摇头苦笑。中国传统教育就有"授之以渔"的故事。掌握如何学习的方法,有好的学习习惯,即使没有教师,学生也可以通过查阅书籍、浏览网页等方式进行自学。但是如果没有受到过良好的教育,没有磨炼自控力,网络对于这部分人来说,是魔鬼也不为过。教育的本质不在于教师教给学生多少知识,而是能不能教会他"捕鱼"的本领、教给他做人的道理。回到"互联网+教育"还是"教育+互联网"的问题上来,如果标准是谁在前代表谁占的比重较大,那么随着科技的发展,互联网将毫无争议地成为教学的主要方式。

(二)有效教学和与时俱进

教育界一直在进行教育改革,教育改革的核心环节是课程改革,课程改革的核心环节是课堂教学改革,课堂教学改革的核心环节是教师的专业发展。"有效教学"这个论题集中体现了教育改革的逻辑。"有效教学"的最终衡量标准就是"学生成长",而这种成长不单单用成绩高低作为衡量标准。所以,如何衡量、评价和把握学生成长是一个相当复杂的问题。对职业学校来说,就业是一项重要的衡量标准。社会是否承认,公司是否认为该学校的毕业生有能力胜任具体工作,比任何成绩单和评语都要现实。谢博士讲到,教育是滞后的。比如测量专业,现有的教学内容已经跟不上当前测量技术的发展,当工地上已经用激光机器代替人工测量时,学校里的学生还在拿着工具跑来跑去,满头大汗地记录、计算,甚至全国还在办此类的竞赛,全然不知他们耗费大量时间和精力学习的东西,已经派不上用场。这么现实而残酷的案例让人震惊,深感不能再做一个"两耳不闻窗外事，一心只教圣贤书"的老师。这就要求教师与时俱进，进行职能转型，做一个面向世界、面向未来的新教师。

1.基于广泛连通的服务

网络时代的学生不再满足于教师教案里的知识，他们在互联网上见识知识海洋的一角，急切希望汲取更多的养分，教师应保护学生的求知欲，引导和辅导学生如何借助互联网开阔眼界、获取知识、自主学习。这就要求教师不仅要有知识深度，更要有知识广度，应注重掌握信息技术及手段。

教师应积累信息资源。教材中包含大量的教育信息，能创造一定的教育价值。信息教材是指以数字化形式出现的教材，包括学生和教师在学习过程中使用的各种数字教材、教学软件、辅助教材等。

2.协作参与成为主要角色

教师应当好主讲者。信息化背景下，教育对新教师提出了更高的要求。课下教师要掌握学校的教学进程和课程的教学目标，把握教学内容和学情，灵活应用教学方法，适应新的教学模式，将教学内容完整地教授给学生，使学生做到闻一知十，触类旁通。教师在教学中应强化教学目标和内容，避免本末倒置，只重视形式，不重视效果。

3.自我提升成为首要任务

在知识经济时代，知识老化、淘汰的速度加快，时代需要教师要有创新、研究、引导的能力。教师深化教学内容改革，关注本专业、本领域最新发展动态、最新理论与实践成果,创新课程教学实践方式与方法，紧跟最新教学前沿理论成果，及时更新并运用最新教学形式。教师要通过各种途径进行继续教育，不断提高自己、完善自己，灵活运用信息化手段进行教学活动，让信息化成为自己的左膀右臂。提升自我也是教师的一种责任和义务，提升自身的修养、个性、风度、气质、幽默等，也会让教师永葆活力，让教师有抓住学生眼球的魅力。

信息技术的发展，给教师的进一步发展带来了新的机遇，在"互联网+"的背景下，如果教师能够审时度势，积极学习应用新技术，以积极的态度来应对新时期，教师就有可能应时而上，突出发展自己，成为时代的弄潮儿。

第二节　教育信息化的三要素

互联网背景下的信息化教学环境成为教育发展变革的重要推动力量，技术、资源和人是教育信息化的三大要素。技术解决了运用资源的途径和手段，教师是信息化应用的主导者，"人"与技术和资源的融合，是教育信息化的本质要求。技术涌如潮流，日新月异；资源精彩纷呈，丰富新颖，但由于人的信息化素养偏低，职能和角色转变不及时，学校普遍存在信息化设备使用率低、资源运用不充分、与学科融合较浅的现象。教师需要转变职能和角色，提升对技术和资源的操控能力，并根据学科生态找准融合的切入点，以提升信息化与学科的融合度。

一、技术

就技术而言，能够在课堂上运用，并能与学科融合的技术很多，如移动互联网技术、多媒体技术、VR（虚拟现实）、AI（人工智能）、电子书包、精品录播等。各种技术互为支撑，相互渗透，都不是孤立存在的。使用最为普遍的是互联网技术和多媒体技术，具体表现就是电子白板、电子书包、精品录播等系列设备的综合运用。

"班班通"设备已在学校中全面普及，但目前很多教师仅仅把它当成一块高级幕布，使用得最多的就是 ppt 演示功能，很多设备技术和功能就成了摆设。因此，要想充分灵活地使用"班班通"设备，就需要清楚地了解这些设备和技术的功效，又有哪些可以为我所用。

"班班通"设备是获取与利用教育信息化资源的软硬件环境的统称，是一项综合工程，包含了多个层面的技术。教师可在课堂上能轻松地调用自身内置的教育资源，也能通过网络互联，检索与硬件相匹配的云端资源，并进行下载、存储、重组、改编等。教师也可以通过计算机、显示设备、网络设备组成的交互式控制环境，将资源根据需要有序地进行展现，甚至不再需要外置的鼠标和键盘就能灵活、自如地操控该设备，就像使用黑板和粉笔一样自然，并能随时在屏幕上书写和批注。

二、资源

资源是信息化在教学中运用的灵魂，资源的开发和利用是教育信息化的重点。教育信息化资源大致可分为三大类，即以教育资源自身为载体的多媒体资源、以处理加工为核心的工具软件资源和以管理信息系统为基础的数据库资源。多媒体资源包括各种多媒体素材，如文本、图片、声音、视频、动画等，常以各类 CAI 课件、APP 应用和网络课程等形式出现。工具软件资源是以教育信息资源的生成、分析、处理、传递和利用为主的各种程序工具类软件，如 Windows 系统下的 Word、Excel、PowerPoint、Flash、Photoshop、After Effects 和 Android 系统下的斧子演示、微弹幕等相关 APP。数据库资源以资料查阅和检索服务为主，是为实现教育信息化管理而建立的，包括以教育者、教育内容、教育对象、教育资源及其支持的服务体系为主要内容的各类数据库资源，如在线图书、OA 办公、在线阅卷等。

"班班通"设备的运用需要根据软、硬件资源的特性，使用与其匹配的数字教学资源。数字教学资源的呈现形式具有多样性，可谓精彩纷呈，丰富新颖，既有声、有色、有形、有动，也有从平面到立体，从虚拟到仿真的实验资源，还有基于终端和云计算的网络资源。所有资源都以知识内容为索引，形成一个庞大的资源服务体系，同时也富有地域特色，能够充分满足各种层次教学的需要。但所有资源的运用，都必须与技术相匹配，有相应的设备作为支撑。

在教育这片天地里，我们缺乏的不是资源，而是正确、精确地选择资源。资源很多，选择很难，要找到适合教材和学生，且与设备相匹配的资源，就需要"人"的高度协同。

三、人

乔布斯问:"为什么计算机改变了几乎所有领域,却唯独对学校教育的影响小得令人吃惊?"我的理解是"人"这一要素是学校教育信息化的最关键点,也是最为困难的要素。教师是教育信息化应用的主导者,是学生自主学习的提供者和辅导者,因此教师应充分理解和掌握各种教学设备、教学软件,找到与课程理念相融合的资源,创造性地使用技术,整合资源,逐渐化技术和资源于无形,最终形成自己的风格。

要实现这个目标,就需要教师具备必备的信息化素养,具体包括以下几个方面:

一是掌握基本的文本和图片的编辑、加工能力,特别是动画和音视频的深加工能力;并能根据学科生态,有针对性地掌握某几项技能,如语文、英语、音乐学科需要教师熟练剪切音频文件,数学、物理需要动画演示,美术需要图片的深度加工能力。

二是认识和理解技术、设备的核心价值,即其基本功能。以智慧教室"电子书包"为例,其价值主要体现在个性化上学习上。学生基于APP的应用,实现了快速推送信息、即时反馈、动手实验、捕捉和展示信息、即时检索等功能,充分满足了个性化学习的需要。教师在教学方式上也更加灵活,可以基于互动平台的学习分析统计应用,动态监控学生的学习状态,但课堂的驾驭难度变大。

三是掌握教学资源的高级检索能力,即能通过网络搜索到所需要的教学资源并下载。我们都知道通过Baidu等搜索引擎,可以方便快捷地找到所需要的资源。在搜索时,关键词要能够最大程度地概括所要查找

的信息内容。要灵活运用搜索技巧来搜索资源,包括和"空格"、或"|"、不含"-"、指定格式"filetype:"等。

四、三要素的关系

技术、资源和"人"是三位一体的关系,必须高度协调,缺一不可。技术是基础,资源是灵魂,"人"是关键点,信息技术解决的是教学的途径与手段,而教师是信息化的主导者,教师的信息化水平,直接决定了融合的深度。教师操控不熟练,课堂上会顾此失彼;不具备资源,巧妇难为无米之炊;教师和学生的互动沟通不到位,技术要么成了摆设,要么就变成了作秀的工具。

总之,技术和资源可以放大杰出的教育,但是再伟大的技术也代替不了平庸的教学。"人"和技术、资源完美结合才能产生智慧的教育。因此,只有始终坚持人本思想,正确认识教育信息化三要素的作用和关系,才能真正发挥教育信息化对教育变革创新的引领作用。

第三节 大学教育信息化探讨

我国二十世纪末开始组织实施的《面向21世纪教育振兴行动计划》中提出了实施现代远程教育工程。进入二十一世纪以来,对信息技术的认识进一步深化,《国家中长期教育改革和发展规划纲要(2010-2020年)》

强调，信息技术对教育发展具有革命性影响，应予以高度重视，并为此专门制定了《教育信息化十年发展规划（2011-2020年）》和《教育信息化"十三五"规划》，明确了教育信息化的行动纲领和路线图，提出了坚持促进信息技术与教育教学深度融合的核心理念和应用驱动与机制创新的方略。几年来，在深度融合这一核心理念的引领下，中国教育信息化快速发展，"三通两平台"（宽带网络校校通、优质资源班班通、网络学习空间人人通及教育资源和教育管理两大平台）快速推进，已经走出了一条具有中国特色、以信息技术为支撑的引领教育现代化发展的教育信息化路子。

2019年2月23日，中共中央、国务院印发《中国教育现代化2035》，明确提出加快信息化时代教育变革；建设智能化校园，统筹建设一体化智能化教学、管理与服务平台；利用现代技术加快推动人才培养模式改革，实现规模化教育与个性化培养的有机结合；创新教育服务业态，建立数字教育资源共建共享机制，完善利益分配机制、知识产权保护制度和新型教育服务监管制度；推进教育治理方式变革，加快形成现代化的教育管理与监测体系，推进管理精准化和决策科学化。

根据国家教育信息化建设要求，我国高校积极响应国家要求，高度重视信息化教育，超过半数的高校发布了专门的教育信息化规划。虽然各高校的信息化基础设施总体已达到较高水平，信息技术教学应用系统比较普遍，但大学教育的信息化产品应用大多处于浅层应用水平。

一、高校教育信息化解决方案

在高等教育信息化方面，我国高校普遍比较重视信息化，半数以上的高校发布了专门的教育信息化规划，超过 90%的高校列有专门预算，信息化基础设施总体已达到较高水平，但校际差异较大，"985"工程高校、"211"工程高校发展水平明显较高。就高校信息化教育解决方案而言，相对突出的是清华大学与北京师范大学。

（一）清华大学的学堂在线

清华大学主导的学堂在线于 2013 年 10 月发起建立，公司运营主体为北京慕华信息科技有限公司，具有专利 2 件。运营了来自清华大学、北京大学、复旦大学、中国科技大学，以及麻省理工学院、斯坦福大学、加州大学伯克利分校等国内外一流大学的超过 1 900 门优质课程，覆盖 13 大学科门类。根据国际知名的第三方在线教育机构 Class Central 的报告，学堂在线的课程数量和累计用户数位列全球前三、中国第一。

此外，清华大学在线教育办公室组织文理工一线教师全程参与研发了服务于课堂教学的雨课堂平台，该平台将 PPT、MOOC、手机微信融为一体，方便课堂教学的签到、测试、学习课件分发。该平台目前免费面向教师开放，万余所学校内均有教师在使用。

总的来说，清华在网课建设、信息化教育解决方案中的运营成绩显著，其在全国高校范围内具有领先优势。

（二）北京师范大学的"智慧教育"

与清华大学以企业为主导发起的泛网课类教育不同，北京师范大学更偏向于依托其未来教育高精尖中心，借助自身的教育渠道与政策背景，面向中小学提供智慧教育相关服务，其中包括"智慧学伴""三余阅读""听课本""京师国学堂"等。

智慧学伴是一个面向中小学教育的综合平台，该平台提供两类服务：一是以中小学生的成绩作为原始数据，对学生的学习成绩、排名进行大数据统计，形成一个成绩曲线报告，在成绩统计上节省了人工劳动。二是通过在线测评来记录学生的行为数据，借助知识图谱技术，理解学生的知识点薄弱环节，为其提供智能报告。

"京师国学堂"由北京市教育委员会委托北京师范大学继续教育与教师培训学院进行课程研发与实施，由北京师范大学高精尖中心开发维护，为北京市 13 万中小学幼儿园教师提供社会主义核心价值观与中华优秀传统文化公共必修课程学习。

目前教育信息化参与者可以分为两类：一类为传统教育信息化角色，面向公立体系（如公立幼儿园、K12 公立校、高等院校、中职高职等）提供教育信息化服务（如智慧校园等）；另一类为新型教育信息化的角色，不仅面向公立体系，还面向民办体系（如民办幼儿园、培训机构、国际学校等）输出信息化服务（如财务、招生、教学、管理系统、智能校园服务等）。

二、大学教育信息化产品的应用困境

大学教育的信息化产品应用困境主要有内因和外因两个方面。

内因上,在大学教育中,由于教学质量的好坏对教师绩效考察影响较低,相当一部分教师使用新手段、新技术促进教学工作的动力不足。从学生角度来看,又有相当一部分学生未脱离应试学习习惯,对知识本身的求知欲并不高,因此也更谈不上应用信息化手段提升其学习热情。

外因上,目前公立体系教育信息化产品的用户与购买者角色分离,使得教育信息化产品未能在使用环节中解决使用者的实际需求。公立学校对教育信息化产品的采购多以硬件类教育信息化项目居多,软件类较少。对于软件类平台,大部分情况下是一次性采购,前期主要侧重于安装,厂商往往对采购后的后续服务和使用者的应用反馈缺乏关注,导致用户使用体验较差,降低了使用率。在核心的教育环节中,由于软硬件教育产品开发者缺乏对教育内容本身的理解、对用户回馈了解不充分等,真正适合教学场景、能提高教学效率和效果的产品依旧缺乏。

此外,随着人工智能技术的发展,智慧教育的呼声越来越高。凡做教育的,无不谈智慧教育;凡谈智慧教育的,无不谈知识图谱。当前阶段,能在教育领域实际应用的人工智能技术,更多是提取简单系统的语义数据,如语音识别、图片识别等,而非对复杂系统进行分析判断。在教育系统中,人类思维的智能与机器真正能实现的智能有着巨大的差别。在教育领域使用的数据分析类产品仍是常规的计算机编程技术。

三、我国大学教育信息化的优势与不足

（一）我国大学教育信息化的优势

教育信息化建设逐渐受到社会各界的关注。我国高校整体的办学宗旨需要与教育信息化相结合，为人才培养服务。我国大学信息化教育的的优势有：

第一，多样性教学模式。微课、慕课、翻转课堂等正在进一步优化传统的大学课堂讲授模式，改变了大学生的知识获取方式。在传统的大学教学模式下，每节课的时间为40～50分钟，每次连续2～3节课，从人的认知规律来看，这种模式不能很好地提高学生的学习效率。而微课、慕课的每个视频的时间基本在5～15分钟，每个视频围绕一个或少数几个知识点进行详细讲解，这种教学模式更符合学生的认知规律。

第二，开放性资源。微课、慕课的出现，使学生能够获得海量教学资源，满足了学生的求知欲，便于学生根据自身发展和需要，随时随地地学习所需要的知识，灵活安排学习时间。对于互联网时代的大学生来说，利用微课、慕课进行学习将成为一种重要的学习方式，并且能满足终身学习和个性化学习的需求。

第三，多样性教学互动。传统教学方式已不能完全满足现代化的教学现状，传统的课堂教学虽然能够实现教师与学生之间的交流和互动，但是信息化教学在此互动的基础上，还能够在学生与学生之间建立起一个互相交流的平台，在教师与教师之间搭建一个互动交流的桥梁。因此，具有多样性教学互动的信息化教育能够充分提高教师与学生的积极性。

（二）我国大学教育信息化的不足

我国教育信息化经过长期建设已经实现了软硬设备的配置、基础网络的搭建，但是整体上还处于推动学校基础设施建设的阶段，更强调网络设施等硬件投入和基础管理软件系统的运用，教学内容、教学资源管理等软件的应用较为薄弱，须通过信息化推动教育改革与创新。当前教育信息化行业优质教育资源总量不足、基础设施不够完善、统筹管理比较薄弱等问题依然存在。

而目前较多的教育信息化产品，大多由软件工程师开发，缺少对教学过程的深入理解，未能真正满足学校、教师和学生的需求，这也使得进入课堂的教育信息化产品应用情况不尽如人意。在教育信息化政策的大力推动下，国内中小学互联网应用率高达 87.1%，但偏远山区的中小学互联网教学使用率极低。

随着近些年 5G 技术的成熟、人工智能技术的兴起、虚拟增强现实技术的发展，以及区块链技术的出现，均可为我国大学教育信息化提供技术保障，未来人们将依托知识图谱、数据可视化、增强现实等前沿技术，结合知识技能评价、知识产权保护等措施，逐步尝试建立一个涵盖人类文明知识、链接每一个个体智力活动的虚拟大学知识库，服务每一个智力劳动者，更精准地定位专业知识信息，更便利地满足人与人的学习交流活动。

第四节　教育信息化与大学课堂

　　传统课堂教学模式在教育信息化的浪潮中受到了很大的挑战。主动迎接教育信息化浪潮，要以学生为中心，建立以学为主的课堂教学模式；共享优质教育资源，扩大课堂容量；利用信息化教育手段，打造跨时空的教学环境；实现课堂理论教学与实践教学的无缝衔接。推动传统课堂教学模式向网络化教学模式转型，要提升教师的信息技术水平，扩充网络教学平台的内容与功能，形成多向互动的课堂交流模式，加大过程评价比重，提升课堂教学实效。

　　现代信息技术给高等教育带来了巨大的机遇与挑战。信息技术并不断深刻地融入教学过程，将会彻底改变现行的教学形态，演绎并丰富新的教育理念、教学理论与方法、教学模式、教学评价体制。为顺应信息化的浪潮，国家将教育信息化提高到了战略的高度。如何充分、合理运用新的信息技术，促进大学课堂教学改革，是时代面临的新挑战。

一、教育信息化为大学课堂教学改革带来机遇与挑战

　　教育部在《教育信息化十年发展规划（2011—2020年）》序言中指出："我国教育改革和发展正面临着前所未有的机遇和挑战。以教育信息化带动教育现代化，破解制约我国教育发展的难题，促进教育的创新与变革，是加快从教育大国向教育强国迈进的重大战略抉择。"目前，经过

20世纪90年代以来的建设，教育信息基础设施体系初步形成，高等学校都建有校园网并以多种方式接入互联网，数字校园建设初见成效。

从数字校园的建设完善，到对教学手段、教学方式产生革命性影响，再到大幅度提升教学质量，不是一朝一夕之事，需要解决的课题还很多。先进的数字校园为教学以及学生的生活带来了便利，但也带来了挑战。网络游戏占据了部分学生的大部分课余时间，甚至不少学生沉迷其中。大学的课堂纪律和教学质量正受到移动互联网的冲击。在课堂教学中，很多教师感觉到，认真做笔记的少了，对着黑板或者课件拍照的多了；抬头听课的少了，低头玩手机的多了，学生上课不在状态的不占少数，如何让学生离开移动互联网的花花世界，回到课堂上，提高课堂的"抬头率"，成为校园数字化后的新课题。

在全球范围内，教育信息化也引发了巨大的震动。"大规模在线开放课程"在全球迅速兴起，在短短几年内席卷全球数十个国家，拥有了几百万名参与学习者。"慕课"具有免费、开放、获得容易、自主性强、受众面广等特点，以极低的教育成本使上百万人受益，对现有的高等教育模式产生了冲击。

二、积极推动大学课堂教学改革

主动迎接教育信息化浪潮，要加强优质教育资源的共享，全面推进以学生为中心、以问题为导向、以任务为驱动的课堂教学改革。

（一）以学生为中心，建立"以学为主"的课堂教学模式

传统课堂以教师为主体，有利于教师把握整个教学活动的进程，系统地传授科学知识，密切师生的人文交流。信息化条件下，这种不重视学生主观感受和客观学习结果的课堂教学模式的弊端逐步显现。在教师层面上主要体现为，教师教学观念更新迟缓，教学内容与社会发展实际需求脱节，教学技能、教学方法滞后。在学生层面上主要体现为，学生缺乏学习动机，主动思辨和实践应用能力弱。当学生通过网络世界方便地搜寻到最新理论、观点、方法时，原地踏步的教学内容无法吸引学生的兴趣，教师知识讲授的权威性面临巨大挑战。

在以"学生为主"的教学模式中，学生是认知过程的主体，课堂教学围绕着如何发现问题、分析问题、解决问题来展开，开展自主学习、合作学习和探究学习，教学的出发点和归宿是学生的终身学习和可持续发展，有利于培养创造型人才。以"学生为主"的教学模式重视网络所体现出的实时性、互动性特性，通过实时的和多方位的交流平台，打破了"教"与"学"的时空界限，教学不再局限于教室，课堂得到了极大的延伸。

（二）共享优质教育资源，扩大课堂容量

便利的网络环境给知识的获取方式带来了巨大的变革，"内事不明问百度，外事不明问谷歌"不是一句戏言。高校教师的知识结构和教学方式面临巨大挑战，一本书、一套讲义、几十年不变的讲授方式不被学生所接受。建立优质教育资源共享体系，不仅是世界高等教育的发展趋势，

也是信息化时代发展高等教育的必然选择。课程教学是系统工程，并非课程资源的简单堆砌。网络信息资源也不等同于网络教学资源。虽然从获取信息的角度来说，师生几乎处于平等的地位。但是，网络信息资源堪称海量，真假难辨，整理分析信息会耗费大量的精力，因此教师的主导作用得以凸显，教师能够过滤大量的虚假无用甚至有害的信息，节省学生大量的时间。

（三）充分利用信息化教育手段，打造跨时空的教学环境

传统课堂以教室为主要场所，信息化手段的应用，可以大大延伸课堂，打造跨时空的教学环境。以法学教学为例，法学课外优质教学资源十分丰富，随着依法治国成为治国理念，国家、社会对法治建设的重视大大加强，网络法律信息极其丰富。比如《最高人民法院裁判文书上网公布暂行办法》实施后，从 2014 年 1 月 1 日起，最高人民法院、全国所有高级人民法院和中级人民法院生效裁判文书将全部在中国裁判文书网予以公布。网络上存在着众多法学论坛、法律博客、门户网站等。在百度上以"呼格案"为关键字进行搜索，会得出相关结果约 20400000 个，以"民事诉讼法修改"为关键字进行搜索，会得出相关结果约 2570000 个。利用网络教学平台，教师可以在课前抛出讲授问题，学生自主收集资料，形成讨论小组，提交初步意见。课后，围绕课堂中形成的观点、意见，形成最终作业，上传讨论组，供所有同学分享、参考。教学的延伸提高了课堂内容的新鲜感、及时性，提高了学生的学习积极性，提升了学习效率。

（四）实现课堂理论教学与实践教学的无缝衔接

传统教学中，实践教学独立于理论教学，两者处于割裂的状态中。基于实践教育基地开展的实践教学尚未系统化，规范化的课程体系尚未建立。依托网络化的教学平台，可以实现课堂理论教学与实践教学的无缝衔接，利用信息手段形成的时空优势，第一时间将热点法律问题发送给学生，学生带着极大的兴趣，一边从理论上分析，一边可以在热点法律问题发展中验证自己的理论观点，完善知识体系。利用现代化手段，完全可以在课堂中搭建认知实践平台、模拟实验实践平台、观摩认识实践平台、实务训练实践平台，形成实用、灵活、开放的旨在培养卓越应用型法律人才的实践性教学模式，培养学生的实务处理能力、法律运用能力和创新实践能力。

三、推动传统课堂教学模式向网络化教学模式转型

依据中国互联网络信息中心发布的《2015年中国青少年上网行为研究报告》，在信息获取方面，使用搜索引擎获取信息的大学生占 86.6%，在交流沟通方面，使用网络进行即时通信的大学生占 92.4%，网络已经成为大学生获取外界信息的重要来源。与传统课堂教学相比，互联网世界显得五彩缤纷，课堂上低头玩手机游戏、刷微博，甚至购物的学生不在少数，不少学校无奈推出了"手机袋服务"，在上课前将学生的手机全部"收缴"，课后再返还给学生。"手机袋服务"维护了课堂纪律，但与信息化的时代潮流背道而驰。信息化是社会发展的潮流，也应该是高校课堂教学模式发展的必然趋势。推动传统课堂教学模式向网络化教学模

式转型，更新观念是前提，教学改革是关键，机制创新是保障。

（一）提升高校教师的信息技术水平

教师是实施教学活动的主体，应改革教学内容、教学方法和教学手段，发挥学生的主动性，开展启发式、探究式、讨论式、参与式教学，培养学生的自主学习能力。要顺利推进信息环境下的大学课堂教学改革，教师必须转变教学观念，掌握现代教育教学的基本规律。目前，网络教学平台利用率不高，一个重要原因在于，教师对信息化教学方式的重视程度不够，对学生利用网络教学平台的引导不够。教师沿用将传统的一支笔、一块黑板、一个PPT的讲授方式，学生对网络教学平台的热情自然不高。

教师应该教会学生如何高效地使用各种网络教学平台，提高大学生识别、检索及使用多种形式信息的能力以及通过网络教学平台进行沟通的能力。提高网络教学平台的使用效率，必然要求教师转变教学方式，融合现代网络资源、网络技术，利用新资源平台、新技术手段、新通信方式、新展现媒体等，实现传统教学方式向信息化教学方式的转变。学校要从任职资格、聘任机制、评价机制等方面促进教师发展，形成良好的支持与互动。

（二）扩充网络教学平台的内容与功能

目前，网络教学平台建设目前主要以精品课程建设为主，静态展示居多。将现有的网络教学平台与筛选后的网络教学资源库及其管理系统进行整合，可以形成一个完整的网络教学支撑环境。教师可以通过网络教学平台收集、筛选教学素材，获取并发布教学资源，与学生实现不见面的信息交流。学生可以自行安排学习时间、学习地点，还可以自主获得课堂教学所需的背景资料，与小组同学讨论后，在线提交讨论意见。课堂教学告别了教师的单方灌输，学习充满了个性与自主。借助网络教学平台，教师结合课程教学的特点制作课程的各类资源，并将各类资源整合成有机联系的系统。在教师的指导下，学生通过网络教学平台自主学习，教师结合在线学习情况有针对性地安排课堂面授，对重点、难点进行研讨。学生掌握了基本知识，培养了分析、解决实际问题的能力，自主学习和创造性学习的能力大大加强，信息素养得到提高。

（三）形成多向互动的课堂交流模式

传统教学以教师讲授为主，是一种从教师到学生的单向交流。网络课堂环境、丰富的资源库、视频及音频立体化教材等构成了教学情境，网络教学平台提供了网络通信联络，QQ、微信、论坛和博客等提供了教学内容的互动参与平台，原有的黑板、纸质教材成为课堂教学的基本依据和必要补充。

在教师指导下，学生的地位更为突出，成为网络化教学的主体。热点问题的发布、学生分组讨论、资料收集、向教师同学求助、阶段性测试、成果展示均可以在网络教学平台开展。难以在45分钟时间内展开的背景知识、辅助资料，都可以借助平台发布，学生在课前课后也能利用平台进行自主学习。多向互动平台延伸了传统课堂的时空，使学生能有更多的自由学习空间和时间，创新了教学手段、方式，丰富了教学内容，提升了学生的学习兴趣和主动性，提高了教学质量。

（四）加大过程评价的比重，提升课堂教学实效

传统教学以结果评价为主，学生关心的是学期末是否"挂科"，"平时不努力，考前抱佛脚"的现象比较常见。随着网络技术的发展进步，过程评价变得可能与容易。传统的、被动的、应试的教学方式被现代的、主动的、兴趣型的教学方式所取代。在网络教学平台上，每名学生变得"透明"，参与了多少课前准备，交流了多少讨论话题，得出了哪些独立意见，都体现的一清二楚。学生在网络环境下的学习行为在一定程度上能衡量其学习态度和效果，通过可视化方式可以获得这些信息的反馈。教师不但可以通过最终课业或者考试判断学生的成绩，还可以从平时的参与程度、参与质量判断学生的成绩，甚至可以实现学生之间的互相评分，加大过程评价的比重，切实提升课堂教学实效。

第五节　教育信息化资源发展战略

针对教育信息化资源存在的问题，应积极寻找有效策略，做好信息资源的普及和个性化服务，构建统一规范的动态管理平台，实现对资源的多样化评估，积极开展第三方评价，不断完善建设和多方评价机制，推动资源开发的可持续循环发展，更好地服务于我国教育事业的发展。

作为文化传播与延续的一种重要手段，教育的目的是实现人的全面发展和文化的传承。在信息化、现代化社会建设过程中，将教育与信息

化技术紧密结合，实现教育资源与信息化资源的相融合，不仅有利于教育信息化水平的提高和信息技术的普及，而且有利于我国现代化教育水平的提高，是信息化、现代化发展过程中必不可少的组成部分，也是我国教育事业发展和改革的重要趋势。

一、我国教育信息化资源建设的特点

教育信息化建设有两层意思：一是将信息教育作为教学中的重要教育内容，课程内容添加信息技术知识，培养学生的信息技术技能，以提高人才对现代化社会的适应力，促进学生的全面发展。二是将信息技术与教育活动相结合，推进网络技术设施在教学中的应用，提高教育对现代化社会的适应力，跟上时代步伐，革新教学方式和教育体系，有效增强教育效果。教育信息化既具有教育的作用，又兼具技术性。从技术层面看，教育信息化是利用了信息技术的数据分析处理、资源管理、信息传播分享等，实现智能化、信息化，依靠网络技术节省空间、时间，合理配置教学资源。信息化的教育性体现在教育引进信息技术的一切举措都是为了增强教学的实施效果，为了提高文化传播的效率，促进各教育院校共同进步。教育与信息两者共同促进，互相合作。

二、我国教育信息化资源发展的问题

第一，资源质量参差不齐。目前，我国教育信息化资源数量相对较多，初步形成了信息化资源体系。2011年，国家教育部面向全国进行中小学信息化资源征集，主要目的是满足中小学信息化教学发展需要。然而，通过对征集到的中小学教育信息化资源进行审计评价，发现只有不到20%的教育信息化资源达到预定标准，绝大多数教育信息化资源基本上无法满足中小学教育所需。具体表现为：一些学科的教育信息化资源较少，存在交叉、重复的问题，绝大多数学科教育信息化资源数量较多，质量参差不齐，甚至存在重复开发和教育信息化资源浪费的问题。

第二，信息化平台普及不力。随着经济社会的快速发展，互联网、信息技术的不断推广和普及应用，我国已经全面进入了信息化、现代化建设阶段，信息技术已经被广泛应用到各行各业，教育行业同样重视信息技术的引入和利用。研究发现，我国绝大多数高等院校、中小学均采购了信息化技术设备，并将信息技术作为学生的必修课程之一，部分课程已经实现了全程信息化教学，但是与预期目标相比，依然存在较大差距。相当一部分学校仅仅认为使用了信息化设备就是实现了教育的信息化。其实不然，教育信息化不仅要使用信息化设备，而且要利用信息化平台，通过信息化平台来改变传统单一结构的教学模式，进一步丰富教学内容。因此，信息化平台普及不到位，是我国教育信息化资源发展面临的核心问题之一。

第三，资源交换共享不到位。为了从根本上解决我国教育资源管理混乱、重复建设、低效运用、难以共享等问题，20世纪末，我国学者黎加厚通过研究提出小课件、小素材组合重用的设想，经过十几年的建设，至今尚未形成科学、有效的教育资源共享机制，教育信息化资源发展严重受阻。在教育信息化资源发展过程中，面临的一个主要问题是资源交换共享不到位，各信息技术、信息设备开发主体为追求自身利益的最大化，设置了技术壁垒，平台与平台之间不能进行数据交换和信息共享，直接降低了信息数据的检索效率，浪费了大量的人力、财力和物力，不能使有限的教育资源发挥最大作用，信息孤岛、平台分离等问题十分突出。

三、我国教育信息化资源发展战略

第一，提高质量，普及应用。纵观世界各国教育模式发展趋势，教育信息化资源发展是其重要构成部分，这就要求我国教育主管部门和教育机构做好教育信息化资源建设工作，在增加教育信息化资源数量的基础上，提高教育信息化资源质量，进一步推广和普及应用。教育信息化资源发展战略的核心目的是推广和应用，让学习者能够学懂、学会，并熟练运用。从某种意义上讲，推广普及教育信息化资源，主要是为人们提供丰富的资源，确保人人都有资源可用，而并非必须达到某种级别或水平。

第二，大力建设和普及信息化平台。尽管通过教育能够获取到更多的文化知识，但是在文化知识获取的过程中，教育同样面临一定的局限性，特别是庞大的资源规模需要占用很多时间、空间，而通过信息化平台能够节约大量时间和空间，并且能够起到快速传播知识、传递消息、数据交换、信息共享的作用。针对当前我国教育机构忽视信息化平台建设和应用的问题，笔者认为，各级高校、中小学要进一步统一思想、提高认识，积极广泛开展有意义的网络教学活动，大力建设和开发信息化教育平台，实现教育模式的多元化和多样性。

第三，实现资源高度共享，构建科学评价机制。如前文内容所述，我国教育信息化资源共享化程度较低，部分信息化平台之间，信息、数据不能进行有效对接和交换共享，从而给使用者造成一定困扰。因此，要构建一套科学可行、互联互通的教育信息化网络体系，实现各类教育资源的融合共享，体现出教育信息化资源的运用优势。

世界依靠网络信息技术连成了一个整体，经济、文化往来更加密切，在社会发展过程中，网络信息技术还会不断发展，发挥更大的作用。教育作为文化传播的重要途径，必须与时俱进，跟上时代的步伐，将教学与信息技术结合，把信息技术加入教学内容中，提高现代教学的教育水平，培养新时期适应社会需求的人才。在运用信息技术的过程中，应不断革新教育方式，完善教学资源，与信息技术相互作用、共同进步。

第二章　大学英语教学的基本理论

第一节　大学英语教学观察与思考

教学贵在得法，如何有效地开展大学英语教学工作，培养高素质的应用型人才，是大学英语教学努力的方向。笔者结合现代大学英语教学现状，从分级教学体制实施的利弊、优化课程设置、创新课堂教学形式三个方面进行分析，探索了一条适合新时期的大学英语教学途径。

语言教学是一个国家教育体系中必不可少的组成部分，无论人与人之间的交流抑或国与国之间的对话，都离不开语言。在经济全球化的今天，英语作为一门世界语言的作用日益凸显。同时，中国和世界对英语人才的需求也与日俱增。因此，具有良好的英语表达能力已经成为时代发展的必然要求，也成为当代大学生必须掌握的技能。在大学基础英语的教学工作中，国家投入了大量的人力、物力和财力，旨在培养学生运用英语进行交际的能力。大学英语教学不仅要培养学生的听、说、读、写等基本语言技能，而且要培养他们运用英语进行跨文化交际的能力。在实际的教学工作中，我们如何有效地开展大学英语教学工作，培养高素质的应用型人才，是大学英语教学要思考的问题。

一、分级教学体制的实施

大学英语分级教学体制的实施，一直以来都饱受争议。很多人认为，分级教学是一种差别对待，会使英语水平差的学生产生自卑心理，不利于学生心理的健康发展。分级教学体制的实施加重了师资队伍的负担，同时也加大了教学管理的难度，因此分级教学体制的实施在高校英语教学中的实施一直发展缓慢。实际上，大学英语分级教学是本着因材施教和提高教学效率的原则，根据学生实际英语水平将学生划分为不同等级，进而采取不同的教学方案进行教学活动的一种教学体制。分级教学的最终目的是让学生在各自不同的起点上分别进步。这有利于教师开展有针对性的教学活动，将教学目标和教学内容设置得更加个性化，从而更加有效地提高学生的英语水平。

（一）大学英语分级教学的优势

我国幅员辽阔，区域经济发展不均衡，导致教育水平的发展也不均衡。地域差异和城乡差异造成了大学生入学时英语水平参差不齐。把这些良莠不齐的学生安排在同一班级进行授课，教师难以根据学生的水平和特点进行因材施教，往往造成好生"吃不饱"，差生"吃不消"，既打击了差生的上进心，同时又影响了好生的进步。显然，这种一锅粥式的授课制度，难以达到良好的教学效果。

此外，从认知心理学角度来看，人们语言习得的唯一途径就是获得可理解性的语言输入。也就是说，如果教师传授的语言知识远远高于或者低于学生的认知水平或理解范畴，都不能进行有效的知识传递。只有最适当的知识输入，才能最好地被学生理解和掌握。在这种混合式的授课体系中，如果教师偏向好生进行授课，差生就无法跟上，从而灰心挫败，失去继续学习的动力；如果教师侧重于差生，又会使好生觉得上课毫无新意、索然无味，孰重孰轻，难以把握。

所以，根据学生英语水平的个体差异进行分级教学，使教学具有更强的针对性，有助于学生获得最符合他们需求的知识输入，在原有认知水平的基础上增长知识，获得技能。

（二）大学英语分级教学的瓶颈

在高校实行大学英语分级教学体制，普遍存在以下两个方面的困难：其一，在师资储备严重不足的情况下，进行分级教学体制无疑加重了教师队伍的负担，难以保障教学质量。近年来，为了响应国家号召，普及高等教育，高校不断扩大招生力度，许多院校师资严重不足。据不完全统计，以每班 50 人为单位计算，很多英语教师每周的授课量在 14—16 节，有的甚至多达 20 节。如此高负荷的工作量，已经超出了教师的承受能力。如果再进行分级教学，班级容量变小了，那就意味着每个教师需要承担更多班级的授课任务，还有可能跨级教学，这无疑使本来就严重不足的师资力量变得更加捉襟见肘。教学工作量的加大、教学负担的加重，必然严重影响教师的教学质量。其二，分级教学体制也加大了学校管理的难度。这主要体现在学生管理、教学排课、教材征订和学生考试等方面。就学生管理和教学安排而言，分级教学无疑使得学生的上课时间更加分散和复杂，这就需要采用更加科学、合理和有效的方法对学生实施有效的管理和监督。此外，既然采用分级教学体制，教材、考试制定也必须做相应的分级配套调整，这也是一个耗资巨大的工程。

分级教学体制目前还处于探索阶段，是一个需要不断实践、不断摸索和不断完善的过程。同时，它也是一个复杂的系统工程，它关系到学校管理的各个环节，只有相关部门紧密配合，才能顺利运行。分级教学体制作为大学英语教学改革的新事物，还需要广大英语教育工作者们继续实践和总结。

二、优化课程设置

一直以来，大学英语作为高校的公共基础课，普遍采用综合教程进行授课，也就是集阅读、听力、语法、写作为一体进行教学。其优点是可以全方位地训练学生的听说读写译等综合能力；缺点是多而不精，每一种技能都训练不到位。教师在授课的过程中，往往因为教学内容和训练技能繁多，教学安排顾此失彼，每种技能都没有得到充分的练习，从而影响教学质量。这种杂糅式的综合课程已不符合时代发展的要求，高等教育着眼于培养高精尖人才，因此按照技能模块设置课程无疑是优化课程体系的一个很好的途径。我们可以把综合教程拆分为四门课程，分别在大学的四个学期开设。它们分别是听力和情境模仿（Listening to Conversations and Conversations Imitation）、观点陈述和课堂讨论（Presentations and Classroom Discussion）、英文读写（Writing and Reading）、跨文化教学（Cross-cultural Education）。

（一）听力和情境模仿

听力和情境模仿是一门训练学生听说技能的课程，它着重培养学生两方面的能力：一是学生通过听情境对话记录下关键信息，进而理解和掌握语篇内容；二是学生根据听力中展现的情境对话，进行口头复述和模拟表演。情境对话应尽量选取最生活化、最实用的主题内容，让学生充分感受到学到的知识是生活中最需要的，学而即用，从而大大激发他们的学习兴趣，提高学习效率。

（二）观点陈述和课堂讨论

观点陈述和课堂讨论课是一门让学生能够进行有效课堂展示的课程。高校课堂应该给学生的个人展示创造条件和提供平台。学生针对某一主题在课堂上发表演讲，阐述自己的见解，这不仅能锻炼学生的口头表达能力，还能提高学生的综合素质，既能使学生改正错误发音，又能够锻炼学生的逻辑思维和自我展示能力。同时，其他学生认真倾听演讲，并就演讲内容提出问题，大家共同交流与讨论。学生在这种自由热烈的课堂氛围中大胆阐述自己的观点，积极讨论，从而极大地提高口语交际能力。教师在主题内容的选取方面必须多下功夫，精心设计，最好是选取时下贴近学生生活的热点问题，这样才能激发学生参与讨论的兴趣，提高学习的动力，并在交流体验中激发语言表达的潜能。

（三）英文读写

英文读写课是一门帮助学生训练读写技能的课程。其目的是使学生通过大量英语语篇的阅读，进而理解和掌握中等难度的一般题材的英文资料或通用的实用文字材料，同时能借助辞典完成一般性题材和对外交往中实用文体的撰写和翻译工作。在进行这门课程的教学活动时，教学方式和教学手段很重要。教师要勇于创新，不拘泥于对语篇字、词、句的讲解，以及拼命地灌输给学生写作技巧和写作规范，而应该采取小组作业和研讨式的教学模式，激发学生的学习热情。

以阅读环节为例，教师可以将学生分为3人一组，共同完成文章一个自然段的阅读理解任务。3人分工如下：第一个人首先朗读一个自然段，第二个人提出问题（可以是关于字词理解的问题，也可以是关于语篇内容的问题），第三个人回答问题。下一个自然段学生交换角色，第二个人朗读文章、第三个人提问、第一个人回答问题，以此类推。学生在朗诵、倾听、发问和回答的多次循环中，对文章的理解逐步加深，进而完全掌握语篇的中心思想和文体结构。同理，这种小组作业的运作模式也会使背诵单词变得不那么枯燥乏味。教师也可以将学生分为2人一组，一个人读单词，另外一个人说中文意思，下一轮次，角色互换。学生在这种你来我往的互动模式下，自主学习、积极探索，充分发挥个人的自主性和创造性。

（四）跨文化教学

语言和文化是一个有机整体。大学英语的教学，除了对学生进行传统英语教育外，还要让学生了解英语背后的文化。学生只有了解了语言的文化内涵，才能感受到语言的魅力，从而激发他们的学习热情。跨文化教学这门课程的开设，目的就是使学生通过学习英美国家的政治、经济和文化，从而培养跨文化意识和克服跨文化障碍，最终取得跨文化交际的成功。因此，大学英语的教学绝不应只停留在听、说、读、写等基本技能的培养上，而应以交际能力的培养为目标，不仅传授语言知识，还要传播文化理念。随着改革开放的不断发展，国家需要面向世界，于是对对外交流人才的需求也会越来越大，这就要求大学英语教学应该重视跨文化教学。

三、创新课堂教学方式

中国的大学英语教学经过了十余年的改革和发展，早已跳出了单一的固有模式。新时期对英语教学提出了新要求，新时期的大学生对大学英语的教学方式也有了新期待。教师们应该有能力根据学生的个体差异，设计出个性化的课堂，培养学生的自主学习能力，提高学生的创新能力。研讨式教学和浸入式教学是鼓励学生进行独立思考和自主探究的新型教学方式，它在鼓励学生充分发挥自己的优势和特长的同时，力求为学生创造一种自由平等的学习环境和生机勃勃的学习氛围。

（一）研讨式教学

研讨式教学是一种在一系列问题引导下，在大量阅读的基础上，在教师主导下的，以生生讨论和师生讨论为主要教学推进手段的教学方式。研讨式教学是教学范式的重大变化，即由过去的讲授式变为教授、讨论二元结构模式，它促使文科教学向学生自主型学习转变。这种教学方式能促使学生花更多的时间在自主研究和参与活动、发现问题和解决问题上。研讨式教学的课堂不仅仅是知识传授的场所，而且是师生互相交流启发、碰撞思想、解决问题的平台。教师授课不拘泥于一种或几种教材，学生的学习也不仅仅是拘泥于课堂。学生在教师的引导下进行自主学习和积极探索，教师与学生，学生与学生形成了一个良性循环的交流圈。各种思想的火花在交流圈里碰撞，激发出智慧的结晶。

（二）浸入式教学

浸入式教学是指让学生浸泡在第二语言中，深刻地感受上下文语境，获得语言输入、语言习得的过程。这种浸入式的语言学习模式关键在于语言输入假设。该假设认为，人们习得某种语言的条件是理解高于自己能力的语言输入，而这种理解依靠上下文语境。大量的目标语语境活动为学生提供了认知支架，促进了目标语的习得。教师可以充分利用校内校外各种资源积极开展丰富的课外活动，以浸入式教学促进学生的语言学习。例如，举办英语戏剧节、英语配音节、圣诞晚会、英语文化艺术展览等活动。学生在参加活动的过程中，进入了第二语言的真实环境，从视觉、听觉和触觉都受到了感官刺激。学生运用英文思维，配合丰富的肢体语言,用英语与伙伴交流,在这种实际英语环境中使用语言,达到语言习得之目的。这些活动可以由学生会或者英语协会负责组织和实施。教师可以选择性地参加部分活动,并结合这些活动的主题,在课堂上设计丰富的教学任务以深化和拓展相关的知识和内容,帮助学生更好地理解和掌握语言。

以上就如何准确地把教学目标和学生需求进行匹配,如何科学有效地优化课程设置,如何创新课堂教学方式,培养学生的自主性和创造性,做了一些分析。其目的是找到既能有效开展大学英语教学,培养高素质的应用型人才,又符合时代发展要求的最佳教学方案,探索出一条适合新时期的大学英语教学路径。

第二节 大学英语教学科学化改革的思路

随着全球化的发展,我国越来越多地参与到国际事务中去,各个国家间的贸易、文化、政治交流日益频繁,因此我国对专业英语人才的需求量是巨大的。但是,我国大学英语在人才培养方面,高端专业人才输送较少,这主要是由传统教学模式中存在的许多问题所造成的。因此,需要对大学英语教学进行科学化的改革,以此来适应时代的发展,满足人才培养的需要。

一、大学英语教学科学化改革的必要性

虽然各大高校为了提升英语教学水平,都纷纷对教学方法进行创新,但却大多是"换汤不换药",取得成绩的手段依然是靠"逼",靠压榨学生的休息时间,靠严格的考勤安排,这些方式虽然能够让学生的英语水平得到显著提高,但学生在这种高压状态下,很容易对英语产生厌烦情绪。这种现状表明,大学英语的教学改革必须遵循一定的客观规律,要在准确掌握这一阶段学生心理特征的前提下进行合理的教学调整,不可照搬照抄,亦不可操之过急。

二、大学英语教学科学化改革的思路

(一)提高师生互动,营造良好课堂氛围

高校的课堂组织形式依然是班级授课,这有利于发挥教师和集体教育的优势,对于提高教学效率起到了一定的作用。但是班级授课方式有一个巨大的缺陷,那就是教学时间和教师的精力有限。许多教师为了完成一定的教学任务,必须充分地利用好一堂课上的 45 分钟时间,因而可能在师生互动方面存在一定的欠缺。除去时间因素外,教师的观念也存在一定问题。许多教师认为学生的任务就是学好知识,那么学生只要认真听老师讲课就够了,普遍忽视学生主观能动性的发挥。在互联网技术不断发展的当下,教师可以利用各式各样的多媒体设备来完成与学生的互动,这样不仅丰富了教学手段,也有利于吸引学生的注意力,激发其学习的兴趣与热情,营造良好的课堂氛围。此外,为了解决课堂时间与

教师精力有限的问题，师生间的互动可以由课上延伸至课后，教师可以通过 qq 群讨论、私信交流、互发邮件的方式，在下课之后收集学生不理解的知识点，在日后的课堂上进行更加详细的讲解，对于个别学生提出的问题，教师也可以迅速地通过网络进行解答，从而全方位地增强教学效果。

（二）将文化因素融入英语教学

语言与文化是水乳交融、不可分割的，如果没有了文化的浸润，那么语言教学就会成为无源之水、无本之木。因为语言和文化之间存在密切联系，如果能在英语教学中融入一定的文化熏陶，那么就能取得更好的教学效果。在现有的英语教学模式下，教师往往只注重对学生的词汇积累、语法知识、发音技巧等内容进行指导，而忽视了文化差异对英语教学产生的巨大影响。要在大学英语课堂中导入文化因素，可以采用直接讲解法和隐性输入法。课堂讲解是一种最直接地了解英语地区文化的方法，也是最直观地感受不同文化在语言表达上的差异的方法。在课堂讲授中，为了激发学生的兴趣，教师可以在讲课前进行适当的准备工作，了解学生比较想了解、比较感兴趣的文化内容，从而对自己的教学计划进行调整。隐性输入法主要是通过情境模拟的方式来实现的，通过在课堂上进行情境模拟，营造特定的文化场景，鼓励学生参与互动，在"真听、真看、真感受"的方式下潜移默化地接受英语文化，从而助力英语学习，增强教学效果。

（三）借助新媒体技术实现自主学习

在大学英语教学中，我们都习惯了以面对面的方式来进行授课和听课，在教师的板书和多媒体的展示中获取知识。随着信息化时代的到来，各个高校都普及了多媒体设备，因此多媒体教学一度成为热门的教学方式，但时代是在不断变化发展的，在信息化的潮流中，我们又进入了全新的互联网时代，原有的教学方式已经不能满足学生日益增长的多元化学习需求，某些教师的知识水平也不足以解答学生的所有疑问。随着智能手机、平板电脑等现代化设备的普及，移动学习方式又成了新的热门学习方式，慕课、微课、微信公众号、英语教学 app 等平台，为学生提供了更丰富的学习资源、更广阔的学习空间以及更机动灵活的学习方式，可以让学生随时随地地进行学习，不受场地、时间的限制，这是教学方式的跨越式创新，更是教育的一大进步。利用移动设备进行学习，可以让学生变被动为主动，从被迫学习转变为主动学习。由于移动学习方式的灵活性，学生可以根据自身的喜好来安排学习时间和学习内容。此外，线上的教学内容比起线下教学内容的单调和枯燥，更能吸引学生的注意力，激发他们的学习兴趣。

在我国国际化进程日益加快的今天，外语教学在推动国际交流方面起到了愈发重要的作用，外语专业人才在未来大有可为。但是，任何事物的发展都不会是一帆风顺的，总会面临许多曲折。如果各大高校能够抓住时代浪潮赋予的这一机遇，充分利用各类新媒体技术，更新教学方式，那么将会给高校的英语教学带来巨大的变化，推动高校英语教学体系又好又快的发展。

第三节　价值引领融入大学英语教学

2019年3月，习近平总书记在主持召开学校思想政治理论课教师座谈会时指出，要坚持显性教育和隐性教育相统一，挖掘其他课程和教学方式中蕴含的思想政治教育资源，实现全员、全程、全方位育人。作为隐性德育教育重要手段的"课程思政"，就是把思想政治理论课内容融入各学科教学。本节以大学英语教学为研究对象，以课程思政和价值引领为切入点，从大学英语的德育功能、课程改革、学科特点、经验积累等方面着手，分析把价值引领融入大学英语教学的重要意义与实施现状，探寻有效可行的实施路径，并提出强化高校英语教师进行价值引领的意识、确立在大学英语课堂上进行价值引领的目标、研究大学英语课程中进行价值引领的策略、建设大学英语课程中进行价值引领的载体平台、梳理大学英语教材中关于价值引领的话题、开展大学英语课进行价值引领的成效研究等可行性建议。

一、研究背景

（一）课程思政

课程思政是指把专业教学与思想政治教育进行有机结合。大学英语课程是语言教学，语言教学应是工具性与人文性的统一，而人文性的核心在于弘扬人的价值。语言教学的目标是人才综合素质的培养与全面发展，这与思想政治教育促进人的全面发展的根本目标殊途同归。然而在课程教学中，英语语言的工具性常被过分强调，人文性常被忽视，语言学习的功利性很强，价值引领欠缺，教学内容和思政内容缺乏有机融合。大学生中存在自我意识强、不关心政治、责任感缺失，甚至人生观、价值观偏离的现象，为社会的未来发展埋下了隐患。把价值引领融入大学英语教学，是对党中共中央十八大后向高校提出的"各类课程与思想政治理论课同向同性，形成协同效应"这一新命题的响应与践行，是开展课程思政、落实学科育人的具体行为。

（二）价值引领

所谓价值引领，就是引导学生进行正确的价值判断和选择。在当代中国，价值引领是指社会主义核心价值体系（马克思列宁主义的指导思想、中国特色社会主义的共同理想、以爱国主义为核心的民族精神和以改革创新为核心的时代精神、社会主义荣辱观）与社会主义核心价值观（富强民主、文明和谐、自由平等、公正法治、爱国敬业、诚信友善）的引领。这些反映了当代中国精神，体现了全国人民共同的价值追求。帮助学生认知、认同、树立、践行社会主义核心价值观，是高校大学英语教学以学树人、以文化人的灵魂与核心。自全国高校思想政治工作会议召开以来，国家出台了一系列针对高校思想政治建设、文化建设的相关政策，价值引领成为语言教师必然担当的责任。

二、研究意义

（一）强化外语教学德育功能，推动外语教学课程改革

司马光曾说，自古以来，国之乱臣，家之败子，才有余而德不足也。把价值引领融入大学英语课程教学就是以此为戒，强化英语学科德育功能，弥补传统应试语言教育重成绩、轻德性的不足，促进思政课程与课程思政合力育人。2016年12月，全国高校思想政治工作会议上，习近平总书记强调要坚持把立德树人作为中心环节，把思想政治工作贯穿教育教学全过程，实现全程、全员、全方位育人；要引导学生正确认识世界和中国发展大势，正确认识中国特色和国际比较，正确认识时代责任和历史使命，正确认识远大抱负和脚踏实地。2017年2月，中共中央、国务院印发的《关于加强和改进新形势下高校思想政治工作的意见》明确提出，要将价值引领贯穿教育教学全过程和各环节。近年来，全国教育系统积极构建一体化育人新模式，不断提升思政教育亲和力，"大水漫灌"变成了"精准滴灌"，即如涓涓细流一般融入各个专业学科教学。大学英语课程作为一门必修基础课，课时多、时间跨度大，由英语教师进行价值引领可以使这门课程在塑造大学生价值观方面起到春风化雨的作用，让思想政治内容活起来、扎根到课程里，提升大学英语课程的德育功能。

大学英语课程作为语言学科，包含丰富的思想观念、人文精神、道德规范，如何进行价值引领，使其与思想政治课程同向同行，更好地为人民服务、为中国共产党治国理政服务、为巩固和发展中国特色社会主

义服务、为改革开放和社会主义现代化建设服务，将是大学英语教学改革的大方向。2018 年 9 月，全国教育大会上，习近平总书记深刻指出，教育就是要培养中国特色社会主义事业的建设者和接班者，而不是旁观者和反对派；2019 年 1 月，《光明日报》指出，做好高校思想政治工作，要因事而化、因时而进、因势而新。在这样的要求下，把价值引领融入大学英语教学，必将促进新时期背景下英语教学课程改革。

（二）守住意识形态阵地，在探索中积累经验

大学英语课程不同于其他专业课程，是中西方文化意识形态和思想价值体系之争的前沿阵地。当前国际形势复杂变换，外国势力从未放松对我国的文化侵蚀与渗透，只是变得更为隐蔽复杂。大学英语从表层看是语言教学，但其语言体系蕴含、镶嵌着西方文化价值观，具有很强的隐蔽性，对大学生价值观具有潜移默化的影响，价值引领、课程育人有助于我们守住这块前沿阵地。大学英语是我国高校受众最广的学科，是高校实现立德树人根本任务的"实践基地"。通过价值引领强化语言教学育人功能，加强学生对西方文化中心论、西方文化价值观，尤其是西方媒体宣传的双重标准和霸权主义行径的认识，是坚定文化自信、增强文化自觉和坚守社会主义意识形态的重要途径，有助于大学生在正确认识中国特色和国际比较的过程中，树立社会主义核心价值观。

业界同仁就如何把价值引领有机融入大学英语课程做了各种尝试与研究，但就英语学科来说，有针对性的研究较少，仍处在探索与积累经验的初始阶段，具体如何实施、采取哪些途径、如何建设教学团队和载体平台等都有待研究。但"守好一段渠，种好责任田"，把价值引领融入

大学英语课程教学是高校英语教师义不容辞的政治责任,要勇担当、乐尝试,在探索中积累经验。

三、研究现状

(一)上海试点先行,全国普遍推广

2016年,上海市各高校围绕思想政治教育改革率先提出"课程思政"这一概念,通过构建融思想政治理论课、通识课、哲学社会科学课、自然科学课等课程于一体的立体化课程体系,充分挖掘各个学科、各类课程的思想政治教育资源,发挥不同课程的育人功能,为全国"课程思政"改革提供了一套有价值、可推广的"上海经验"。目前,上海市"课程思政"整体试点校12所、重点培育校12所、一般培育校34所,基本实现全市高校全覆盖。各高校已建设"中国系列"课程近30门,综合素养课程175门,近400门专业课程申报开展试点改革。

继上海之后,"课程思政"改革逐渐在全国高校范围内展开并得到广泛认同。几年来,高校教师探索把价值引领寓于课程,让课程承载价值引领的有效路径,形式从交流会、推进会、研讨会,到示范课、专题讲座、教学技能大赛、调研等,丰富多样。例如,北京联合大学挖掘各门课程蕴含的思政教育元素,建立了27个示范课堂;中南大学组织深化"课程思政"的路径与方法专题培训;天津大学曹树谦教授以"实践小记"形式,与全校师生分享课程思政心得;厦门大学启动2018"课程思政"建设计划,建设通识教育课程与专业教育课程;河海大学举办课程思政论坛;西南交通大学校长徐飞从雄安新区的千年大计说起,将"创

新、协调、绿色、开放、共享"五大发展理念讲到了学生心里。2017、2018两年的入学季,全国多所大学党委书记担当起协同效应第一责任人,为新生讲授入学第一堂思政课,勉励他们走好为人、为学之路。中央美术学院依据艺术专业学生特点,从作业到作品,通过绘画、雕塑、动画、海报、幻灯片、影像等多种形式表达思政课主题内容,使艺术院校的课程思政真正"活"起来。华东师范大学指出,课程思政要实现溶盐入汤、育人润物细无声的效果,他们创新课堂教学评价制度,使学生对课程思政有感知、有认同、有受益。山东理工大学出台了"课程思政"实施办法。内蒙古通辽市举办了"课程思政"教学技能大赛。总之,课程思政改革正在全国高校中推广。

近年来,辽宁省业界学者对省内教育资源不断整合、挖掘,积极实践从"思政课程"到"课程思政"的改革与探索。东北大学以"聚焦需求,精准引航"为主题,构建文化育人新平台;大连海事大学以"时代楷模"曲建武网络工作站为平台,实践网络育人新模式;东北财经大学开展思政教育、实习实践、课堂教学"三线合一"的实践育人新举措。这三所高校均第一批入选我国高校思想政治工作精品项目名单。辽宁省内各高校探索不断,大连大学举办"课程思政"建设推进会,辽宁石油化工大学召开2018年"课程思政"试点课程建设工作会议,大连理工大学召开"课程思政"建设座谈会,等等。

(二)成果初步取得,研究尚待丰富

目前,相关工作已经取得了一定成果。对于课程思政,邱伟光认为,它是价值理性和工具理性的统一,是高校教师在传授课程知识的基础上引导学生将所学的知识转化为内在德性，转化为自己精神系统的有机构成，转化为自己的一种素质或能力，成为个体认识世界与改造世界的基本能力和方法。燕连福认为，要搭建高校各类课程教师互动与对话交流机制和平台，健全各类课程协同育人的制度保障和评价体系。焦苇认为，要突出综合素养课程和专业课程教学的育人导向，促使知识传授与价值观教育同频共振。黄怡凡认为，一直以来，大学英语课的工具性色彩十分浓重，学教双方都有很强的功利性，许多教育工作者只把重点放在专业知识成果输出上，忽视了大学生的思想变化及心理诉求，没有充分发挥出专业教师在"学科德育"方面的作用，甚至对此缺乏认知。在辽宁省，大连理工大学刘宏伟教师主持的《"四个统一"视域下研究生导师立德树人案例汇编》项目入选第二批《高校思想政治工作研究文库》。

虽然课程思政研究在全国高校已经展开，但经调查得知，专门针对大学英语教学的课程思政、价值引领研究目前十分缺乏。截至2019年3月5号，中国知网统计的相关文章共计23篇，全部发表于2018年以后，相比于8万多篇与大学英语教学相关的文章而言，数量太少。其中，珂璇和卢军坪提出了新的大学英语教师职业发展观，傅荣琳提出了大学英语课程思政的实践路径，邓月萍探讨了大学英语课程思政的教学设计，谢琪岚研究了大学英语课程中的思政元素，刘清生对大学英语教师的思政能力进行了理性审视，黄怡凡提出了把大学英语课程作为"隐形思政课程"的建议，李平和王聿良论述了大学英语课程向思政课程拓展的可行性，安秀梅研究了大学英语课程思政的功能，等等。总体而言，英语学科专业教师的思想政治教育意识、自觉进行价值引领的意识尚待加强，专门针对大学英语教学价值引领的研究尚待丰富与深入。大学生在价值体系建立过程中知却不真知、不全知、不深知的问题突出，对于传统思想政治课程，他们往往缺乏兴趣，参与度、专注度都很低。对于传统大学英语教学，课程思政内容少，教师对学生价值的引领不够，相关实践少，研究少，师生双方都有待提升与改进。

四、路径

（一）强化教师意识，确立引领目标

对于"课程思政"的育人功能，"价值引领"在课程思政中的关键作用，教师作为传道者首先要充分理解，强化理念，"明道""信道"才能"传道"。从学校到学院，加强对一线语言教师的课程思政意识教育，使其不但能传授语言技能，同时也能自觉承担起传播社会主义先进思想、先进文化的责任，坚决执行国家大政方针，弘扬社会主义核心价值观，做好大学生英语课堂上的灵魂塑造工作，成为合格的引路人。培养教师"价值引领"的能力，要把价值引领能力纳入语言教师素养评价指标，把价值引领内容融入教学内容，把课程育人的目标任务、话题语料、典型案例、考核方式等写入教学大纲，让价值引领看得见、摸得着、有形化、常态化，以此强化教师理念，让价值引领有意、有效、有质地进行。

有目标才会有动力、有方向，价值引领同样需要目标的指引。大学英语课程在大学期间开设的时长平均为两学年，即四学期，可以针对不同学期、不同年龄的学生特点和认知水平，同时结合不同民族、不同专业学生的文化背景，为价值引领确定不同的重点和目标。例如，第一学

期强化价值认知，第二学期强化价值思辨，第三学期强化价值认同，第四学期强化价值践行。教师在进行价值引领时要做到有的放矢，重点突出，全程贯穿，通过每学期的不同目标实现引领的系统性、连贯性。以第三学期的价值认同为例，针对大学生中出现的"价值认同危机"，教师自身首先要明确"培养什么样的人、如何培养人以及为谁培养人"这一根本问题，明确大学英语课肩负的培养合格的社会主义建设者和可靠接班人的使命，引领大学生认同社会主义核心价值观，为践行社会主义核心价值观奠定基础。

（二）研究教学策略，丰富引领方法

做到价值引领与大学英语课程的无缝对接，实现二者的有机结合，策略至关重要。运用辩证唯物主义与历史唯物主义的研究方法引导学生进行价值认知与思辨，同时把语言学、外语教学中的情感策略、元认知策略、自主学习策略、显性教学策略、隐性教学策略等应用于大学英语课程中的价值引领策略研究，具体包括：从人本主义视角考量价值引领的情感策略，避免说教、降低焦虑，提升学生在接受价值引领过程中的愉悦感和接受度；从语言学元认知策略视角考量学生在价值引领中的自我认知、自我监控、自我调节；从英语自主学习策略视角考量价值引领对学生学习风格、学习动机、学习效果的影响；从显性语言教学策略与隐性语言教学策略相结合的视角；探索在价值传播中丰富知识底蕴、在知识传播中进行价值引领的最佳办法。通过开展策略研究提升价值引领在大学英语课程中的接受度，查找传统思想政治课上学生不感兴趣的原因，通过多种策略的使用避免生硬的讲解，增强效果。首先以元认知策略为例。作为典型的学习策略，元认知强调的是个体对自己的认知过程的调节能力，从而实施有效监控与管理。在大学英语教材教辅中，经常会涉及"美国梦"这个主题，教师不妨同时组织对"中国梦"的讨论，让同学们找出二者的异同，提升对自身和对民族、国家的梦想的认知，监控自己对二者的比较意识。"美国梦"更多强调个人奋斗与价值，"中国梦"更多强调民族的伟大复兴。提高自我监控意识能提升学生对中西方价值观进行比较的自觉性。比如教师可以选择国内外媒体对于重大新闻的英文报导，引导学生正确看待西方媒体的立场与观点。再次，以隐性教学策略为例。隐性教学策略强调将价值引领在学生不知不觉中进行。现举一例，2019 年 2 月底，关于美国总统特朗普与朝鲜主席金正恩会面与谈判的报导占据各大媒体头条，此新闻正赶上大学生春节过后的开学季，教师正好可以在听说课前布置这样的话题："双方国家各有立场，同学们站在哪一边？"客观判断需要教师的引领，不同立场的背后呈现的是不同的价值观，用英语开展这样的讨论，不仅是对英语表达的锻炼，也让对价值观的辩证思考潜移默化地进行。

（三）建设载体平台，梳理引领话题

首先价值引领离不开载体平台建设。一是利用各类大学英语教材、教辅在价值引领中的载体作用，包括纸质书、音频与视频材料、网络链接、微课、慕课等；二是利用通讯 APP 在价值引领中的载体作用，包括教师间、同学间、师生间的微信群与 QQ 群；三是利用纸媒在价值引领中的载体作用，包括大学学报、学院院报、宣传海报、画册等；四是发掘各级组织、团体在价值引领中的载体作用，包括学校、学院党委、各级党支部、党小组、教学团队、学生会、学生社团等；五是利用各类活动在价值引领中的载体作用，包括竞赛、演讲、报告、访谈、会议、公开课、示范课、实践课等，年轻的大学生们热衷于各类校园活动，并在参与、锻炼中提升自身素质，如组织学生开展与价值引领相关的英语演讲，介绍校园中发生的积极事例；六是利用网络、广播、电视等媒体在价值引领中的载体作用，如学校、学院网站、校园广播站、校园电视台等，发挥英语学科的优势，实现英汉双语对典型事例的宣传、宣讲，将受众对象扩大到包括外国留学生在内的所有在校学生。

  其次，价值引领需要梳理好话题。大学英语教材中包含着诸多西方文化元素，对学生的价值观有潜移默化的影响，且表面看来话题分散、不系统，不易引起师生的察觉与重视。针对这一问题，大学英语教师首先要搜集、整理、研究教材中与价值引领相关的话题，开展对价值引领话题的梳理、创建工作。一是针对大学英语教学大纲中涉及的文化、经济、教育等多个话题，广泛征求任课教师的意见与建议；二是通过分工协作与讨论学习，从英语时事新闻、重要历史事件沿革与发展，中西方文化历史发展与对比等方面，筛选价值引领与塑造话题；三是从道德与规范、精神与物质、法治与法规等多个角度，选取与每个话题紧密相关的中英文资料；四是通过观点阐述、数据佐证、案例分析等多种手段，形成系统的大学英语课程教学中的价值塑造话题，最终向语料研究的方向发展。现以我国高校本科普遍使用的大学英语教材《新视野大学英语读写教程》为蓝本，略举两例。第一例：第三册第七单元讨论到经济危机下人们失业难以维持生计的话题，文中一位有三个成人子女的母亲却流落街头、老无所依。对此，可以把中西方在亲子关系、责任义务方面的差异进行比较，让同学们通过切身体会做出判断，深入理解中国传统文化中孝敬父母、赡养老人、使父母老有所依的美德与价值观。第二例：第四册第五单元讨论到一位在美国移民家庭中长大的中国孩子，因为不了解中国的价值观，当别人评价他"discreet"（内敛）"modest"（谦虚）时他非常沮丧与恼火，那是由于他对这两个词在中国文化中所代表的含义的误解所造成的。价值体系不同造成了误解，但这样的误解如果任课教师不能及时引导学生发现、思辨，必将把学生带入文化认知的误区。

（四）开展成效研究，评估引领效果

成效研究可以从教师和学生两个层面进行，出台对价值塑造成效的评估办法，通过教师听课、集体讨论、师生典型案例分析及访谈等，研究教师把思想政治教育融入教学的能力的评估办法，研究评估学生社会主义核心价值观塑造成效的办法，形成价值引领的具体操作指南并使其标准化和系统化，让价值引领不仅仅进教材、进大纲、进课堂，更要考察其是否进思想、进行动，考察价值引领是否做到"形神兼具"，而绝不是"有形无神"。要做到这一点，教师自身首先要深刻理解和准确把握社会主义核心价值观的精神实质与丰富内涵，才能将价值引领体现在行动上，融入灵魂里。大学生处在接受新事物、新思想最活跃的阶段，总是期待自身观点与问题得到回应。开展针对学生的价值引领成效评估，可以让教师在引领上更精准，做到胸中有数。在实践层面，应研究如何多样化、动态化、系统化地把价值引领融于大学英语课程。其中，多样化包括话题多样化、载体多样化、策略多样化、评估手段多样化等。动态化是指研究总结、创新解决问题的途径不是僵化、一成不变的。比如在因材施教方面，对少数民族和汉族学生应采取的不同引领方法。系统化包括理论系统化、实践系统化、话题系统化、评估系统化等。

价值引领要有机融入大学英语课程，可以借鉴其他学科课程思政的经验和成果，但不能完全照搬照抄，须结合英语学科独有的特点，从整体上考察融入路径，结合高校大学英语课程在价值引领方面的开展情况，多维度地把价值引领融入大学英语课程，除上述提到的办法外，还包括培养教师的育人能力、发挥学生主体作用、发挥党员先锋作用和团队示范作用、针对学生进行因材施教、改进教学课程大纲、完善教师评价体系等。通过运用马克思主义学科和英语学科教学研究的理论和方法，把对大学生的价值引领置于大学英语课程实践中，开展两学科间的跨学科研究，实现研究视角的创新。每所高校都有自身的育人传统和文化精神，价值引领须结合各高校自身的特色，创建由马克思主义学院理论指导、外国语学院组织实施、大学英语教学一线教师实践、全体在校本科生参与的工作体系，同时把学院党支部、学生党支部、科研团队、教学团队、学生会等组织部门纳入工作体系。响应习近平总书记的号召，把价值引领"落细、落小、落实"，让大学英语课程成为培养崇学向善、明辨乐思、知行合一的社会主义接班人的平台是我们的最终目标。

第四节　大学英语教学的特点及策略研究

大学英语教学的有效性需要科任教师根据教学的特点和目的，采取让学生尝试讲课、组织演讲辩论、背诵单词、组织游戏、穿插文化背景知识等方式，着力打造轻松高效的大学英语教学课堂。

大学教师这一职业一向受到社会的高度尊敬，殊不知光鲜的背后却有着不为人知的辛苦。越来越多的教师不是患上咽炎，就是一上完课便疲惫不堪，还得脸色苍白地急忙奔去下一个课堂，以致除了教学之外对科研、学术会议等其他方面力不从心。对于这一现象，笔者深有体会，感同身受。针对大学英语课堂，是否有方法改善这一局面呢？答案是肯定的。本节将提出一种全新的教学模式，既增强教学效果，使课堂轻松活泼，又提高教学效率，使教师们游刃有余，教学、科研两不误。

其实，导致部分大学英语教师上完课后疲惫不堪的直接原因就是教学过程中教师占主导地位，他们在马不停蹄地讲解。上课时间一百分钟，仅仅站着就会令人叫苦不迭，更何况还要同时提高嗓门授课呢？这表明必须改进这样的教学方法。课堂上由教师从头讲到尾，其实这还完全停留在中学的教学模式中。尽管每所大学的学生英语基础参差不齐，甚至部分大学生的英语水平还不及中学生，但是这并不能成为以中学英语课堂的教学方法教大学生的理由。实际上，中学英语教学与大学英语教学有着本质上的区别。

一、大学英语教学的特点

（一）教学目的的全面综合性

中学英语教学为打基础的阶段。由于面临中考和高考，这一阶段主要强调的是"双基培养"，即使学生获得基本的语音、语法和词汇，以及培养学生基本的听、说、读、写技能。而大学英语则是在此基础上全方位提高，重点培养学生运用英语进行交际的能力，即学生的听说能力。除此之外，大学英语教学还要增强学生的自主学习能力，要求学生会综合运用英语这门语言，运用英语与他人进行思想沟通、交流信息，实现英语学习的终极目标。

（二）教学方法的多样性

教学目的的不同必然导致教学方法的千差万别。在中考和高考两座大山的压迫下，中学英语教学均以应试为最终目的。而且，衡量好课堂的唯一标准似乎就是升学率。教师就是课堂的中心，课堂上给学生灌入大量的语法以及词汇知识，在标准的填鸭式教学下，学生只能被动地接受。大学英语教学截然不同，强调学生运用语言的能力，提高听说能力的前提下，读、写、译也一样都不落下。教师与学生的角色互换，教师不再是课堂的中心，学生才是。除了向学生传授语言知识和技巧外，教师更重要的作用是培养学生利用语言进行交际的能力。

（三）教学过程的互动性

中学教学过程以教师讲解、辅导为主，学生，很少自学；大学英语教学中教师主要起到引路人的作用，激发学生的学习兴趣，以多种多样的课堂活动促使学生多自学，并提高其自学能力。中学课堂以语法讲解、词汇扩充为主，以达到应试的目的。大学课堂中语法、词汇早已不是重点，强调的是语篇教学，即在文章的内容中分析词句、分析人物性格、分析事件的来龙去脉、总结文章主题思想。语篇教学旨在提高学生运用语言进行交际的能力，注重听说训练，常会采用情境、功能、交际、翻译等教学方法。

二、大学英语行之有效的教学方法

兴趣是最好的老师。大学英语教师的首要职责是激发学生学习英语的兴趣，让其自主、自愿地学习。因此，必须彻底改革形式枯燥的"满堂灌"教学方法。近年来，教师们都在不断更新并改革自己的教学方法，可是究竟什么方法才是行之有效的？每位教师结合自身情况和学生水平都有着自己独特的见解。在本节中，笔者将结合自身一线教学的经历，谈一谈如何设计大学英语课程才能够使教师轻松，令学生满意，同时保证教学效果和学习效率。

（一）以让学生讲课的形式，使学生充分融入课堂

以往都是教师在讲台上苦口婆心地讲解，怎么不让学生们尝试一下自己教课呢？这一方法完全改变了以教师为中心的"中学式"教法，凸显了学生在课堂中的主体地位。在每个学期刚开始时，教师可让学生自由组合形成人数差不多的几个组（数量可根据具体教材的长短而定）。以

上海外语教育出版社的《新目标综合教程》为例，本书共有 8 个单元，每个单元挑选 TEXT A 进行讲解，那么就将学生分为 8 个组，每个组负责讲一个单元。在需要开始讲课的前几天，老师应提醒学生准备，以免忘记。到开始讲某一单元时，该组的代表先上讲台来把他们组备课所准备的内容呈现给所有同学。待学生讲课完毕后，老师再上讲台或是点评或是选择性地进行讲解。这种让学生来讲课的方法大大增加了学生的课堂参与度，让其充分融入课堂中，活跃了原本只有老师讲课的沉闷课堂气氛，同时学生在准备及授课的过程中，自身也得到了全方位的综合锻炼。学生自行授课是一种将知识与能力、素质与策略、专业与广博的培养结合起来，加强师生互动、学生互动的教学模式，实践证明，这是一种有效的方法。

（二）组织演讲或辩论

不定期地在课堂上以组为单位举行主题英语演讲或辩论，这也是提高学生参与度的好办法。学生可围绕一个主题，在网上查找资料，在上课时演讲或者辩论。与以往等待老师灌输知识不同，学生以这种方式提升了自学能力，提高了学习的主动性。另外，学生有与人交流、协作甚至影响他人的需要，集体合作是满足学生基本需求的必要途径。演讲或辩论主题应在上课前一星期给出，以便一个组的同学能够有充分的时间准备。不建议在课上临时布置题目，有两个原因：一是大部分学生的英语基础比较薄弱，在短短的课堂时间中无法准备出高质量的演讲；二是大学英语课程课时十分有限，课堂时间宝贵。如果是演讲，那么就由一个组的同学共同查找资料写文章，最后选出代表在上课时演讲。教师根据每个组的表现打分，并计入平时成绩。如果是辩论，同样在组内自行决定立场，然后在课堂上进行组与组之间的比赛。辩论结束后由其他组的成员投票决定谁胜谁负。教师应对胜方给予表扬，对负方给予鼓励，并强调重在参与、胜败乃兵家常事的道理。集体合作学习尊重学生个人，在培养学生交往能力、协作能力和解决问题能力的同时，还刺激了其内在的学习动机。这一教学方法奠定了学生在教学过程中的主体地位，有助于培养新时期的创新型人才。

（三）背单词游戏

不仅是英语教师，只要学过英语的人都清楚，扩大单词量对于提升语言水平的重要性。英语学习像盖房子，语法知识是大梁，英语单词则是一砖一瓦。要想使房子牢固，两者缺一不可。学生偏爱通过活动的方式进行学习，但现实教学中的活动太少，授课方式单调，并不能较好地调动学生的英语学习积极性。为了提高学生对单词的熟练性，也为了督促其花工夫背单词，教师可以在课堂上组织学生进行背单词游戏。通常这个环节以组为单位进行，教师说中文意思，学生们站起来说它的英文释义。最快站起来说出意思并答对的就给他所在的组加一分。一轮结束后，可视情况安排是否还需继续。游戏结束后，视每组最后的分数决定谁赢谁输。这个游戏在整堂课上起到了关键的作用，既调节了课堂气氛，又激发了学生的学习兴趣；教师还不需要枯燥无味地照本宣科，苦口婆心地讲解。作为游戏的组织者，教师增强了自身的组织能力，在轻松愉快的氛围下完成了教学任务，何乐而不为？

（四）穿插文化背景知识

有趣的活动是学习动力的基本来源。教师在选择活动时，要尽量以新颖的为主，并频繁变换活动方式，以保证学生长久的兴趣。然而，在选择教学活动时，必须考量活动内容是否能承载教学内容，能否为教学目标服务，绝非"因活动而活动"。

在文章中出现代表西方传统习俗的词汇时，教师可适当展开讲解，介绍该习俗的起源，分享相关的故事。这样一来，生动的故事不仅吸引了学生的注意力，同时还扩展了其知识面。例如，在新目标大学英语教程第一册 UNIT 2 的课文中，出现了 Thanksgiving Day（感恩节）这个词，教师就可讲述 17 世纪清教徒不满英国教会统治远渡重洋移居美洲，并受到当地印第安人的帮助获得大丰收，从而决定将十一月的最后一个星期四定为感恩节，旨在感恩他人帮助的故事。作为英语这门语言的学习者，了解其国家的文化背景十分重要。类似故事的讲述既吸引了学生的注意力，又为其将来的跨文化交际打下了基础，不失为一种有效的教学方法。

大学英语课堂应是轻松、活泼、能够充分调动学生积极性的课堂，教师也应在健康、乐观、有活力的状态下完成教学任务。通过中学英语教学与大学的对比，大学教师将更清楚自身教学任务的侧重点，更好地向着大学英语教学目的努力。学生讲课、演讲辩论、背单词游戏、穿插文化背景知识等仅仅是众多教学方法中的冰山一角，要达到提高课堂教学质量、激发学生的学习兴趣这一教学效果，还有很多方法值得探索，打造真正轻松、高效的大学英语课堂的革命道路还很长，同志仍需努力。

第五节　合作原则对大学英语教学的启示

格莱斯提出的合作原则是语用学研究中的重要理论。格莱斯将合作原则具体细化为四条准则，即数量准则、质量准则、关系准则和方式准则。格莱斯认为，人们在交流时，总是下意识地遵循合作原则。而一旦违反合作原则，就会产生会话含义。大学英语教学中，如果引入合作原则，并向学生介绍会话含义的产生机制，有助于增强大学生的英语学习效果，提高大学英语教学质量。

一、合作原则

英国哲学家格莱斯（Paul Grice）于20世纪60年代在哈佛大学做了三次演讲。在演讲中，他提出了著名的"合作原则"和"会话含义"理论。格莱斯认为，日常的会话交际之所以能够正常进行，会话双方一定是遵循着某种规则。或者说，为了使会话交际正常进行，会话双方一定是朝着某个共同目标而努力的。经过长时间的思考，格莱斯决定把这种大家都默契遵守的原则称为合作原则（Cooperative Principle，简称CP）。著名哲学家康德在其"范畴表"中曾经列出"数量""质量""关系""模态"四个范畴。这一做法给格莱斯以很大的启示。在此基础上，他又把合作原则细分为四个准则，即数量准则、质量准则、关系准则和方式准则。

（1）数量准则（The Maxim of Quantity）：指会话人所说的话能够满足交际所需要的信息量。

第一，所说的话应该满足当前交流所需要的信息量；

第二，所说的话不应该包括多于交流所需要的信息量。

（2）质量准则（The Maxim of Quality）：指会话人所提供的信息必须是真实的。

第一，不能说自认为是虚假的话语；

第二，不能说缺乏证据支持的话语。

（3）关系准则（The Maxim of Relation）：所说的话和谈论的主题是相关的。

（4）方式准则（The Maxim of Manner）：会话人必须清楚地说出自己的话语。

第一，不能含糊不清；

第二，不能产生歧义；

第三，必须简短，不能冗长；

第四，保持有序。

二、会话含义的产生

格莱斯认为，在正常的言语交流中，对话双方总是有意或者无意地遵守合作原则，使交际能够正常进行下去。在某些情况下，为了某种交际需求，会话人会公开违背合作原则中的一个或几个准则，从而间接地表达出自己的真实意图。格莱斯将这种由听话人推导出来的间接意义称为"会话含义"（conversational implicature）。

（一）由于违反数量准则而产生的会话含义

在某种交际场合中，会话人为了含蓄地表达某种特殊意思，会有意少提供交际所必需的信息。例如，A 向 B 询问 C 大学期间的学习成绩时，B 知道 C 的学习成绩不太理想，但是又不好当面拒绝回答 A 的问题，只好说了以下的言语："He has made a lot of incredible friends here, impressed every teacher with his beautiful voice and volunteered to help the poor children in some remote places."。很显然，B 故意违反了合作原则中的数量准则，没有提供交际所包含的全部信息。B 对 C 的学习成绩只字未提，反而一直强调他人际关系很好，交了很多朋友，声音优美，还自愿帮助偏远地区的贫困儿童。A 知道，B 故意违背数量准则一定有其特殊动机，即 C 的学习成绩很不理想，但又不能直接表述出来。

（二）由于违反质量准则而产生的会话含义

在某些交际情况下，会话人会通过故意违反质量准则，间接地表达出自己的真实意图。例如，A 向 B 询问 Sally 是个什么样的人时，B 的回答是："She has a heart of gold."。根据语义学中真值条件理论，这句话的真值条件肯定为假。因为有常识的人都知道，人的心脏不可能是金子做成的。从语用学角度来看，这句话是有意义的。说话人通过故意违反质量准则，向听话人传递了一种隐含的信息，即 Sally 是一个心地善良、非常友好的人。

（三）由于违反关系准则而产生的会话含义

根据合作原则，人们在语言交际时，必须提供与话题相关的信息，否则会出现所答非所问的情况。在某些交际情况下，会话人会故意违反关系准则，从而传递某种特殊含义。例如，A 和 B 聊天时，A 突然问 B 的婚姻状况如何。这时候，B 是这样回答的："I enjoy NBA games a lot and watch them every day."。B 的回答显然和 A 的提问无关。通过 B 的回答，A 可以推断出其言外之意：B 认为一个人的婚姻状况是个人隐私，不愿意回答该问题。为了表达出该意图，他故意提供了一个与该话题没有任何关系的回答。

（四）由于违反方式准则而产生的会话含义

根据合作原则中的方式准则，会话人在交际时，应该尽量表达清楚，避免使用模糊和晦涩的言语，从而避免产生歧义。现实交际中，会话人会通过故意违反方式准则的方式，实现自己某种特定的交际意图。例如，A 和 B 两个人都是中国人，在用汉语聊天。当 A 问 B 小马的人际关系如何时，B 回答道："Let's talk about that in English."。B 没有用母语直接回答 A 的问题，反而用了英语这种非母语语言，这显然违背了方式准则。他这样做的目的，无非就是不想让旁边的人听到他们之间的谈论，以免造成不必要的麻烦。

三、合作原则在大学英语教学中的应用

合作原则可以应用在大学英语的教学实践之中。通过引入会话含义这一概念，可以使学生深刻地理解会话人的深层含义，从而使学生的语言能力和语用能力得到有效提升。下面从三个方面来陈述：

（一）合作原则在听力教学中的应用

听力试题在各种英语考试中所占的比重很大。例如，在大学英语四级考试中，听力的比重就占到了35%。在日常的课堂教学中，授课教师应有意识地引导学生运用合作原则来理解会话人的真正意图。教师可以简单地介绍一下合作原则，并从四个准则的角度为学生提供一些相关的例句。例如：

A：I had a quarrel with my roommate.Every night she stays up very late.I can't fall asleep when she is around making noises in the room.

B：I'm so sorry to hear that.Like you,I'm an early bird,too.It's hard to share a room with a night owl.

Q：What does the second speaker mean?

在这段听力材料中，B并没有直接表明他对A室友的态度。通过说自己与A有着相同的生活习惯，间接地对A室友的做法进行了批评。由于A和室友有着不同的作息习惯，因此A和这样的室友很难相处。

除了短对话，在长对话和篇章材料中同样可以有效应用合作原则。

（二）合作原则在口语教学中的应用

在介绍完合作原则之后，教师可以引导学生逐步提升自己的语用意识，在不同的场合中，对不同的会话人采用不同的说话方式来达到顺利交流的目的。此外，针对不同的语境，教师可以和学生一起探讨，在各种语境下可以采用何种语用策略来进行会话。例如，在下面的语境下：

One of your classmates always comments on other people negatively,which embarrasses you a lot.One day,during a classroom discussion,he begins to comment on another classmate negatively. What could you do to solve this problem?

授课教师可以将学生分为不同的讨论小组，让学生讨论：运用什么样的谈话策略来说服你的同学，使他不再对别人有负面评价。既要做到委婉地提醒你的同学，同时也不能影响你们之间的人际关系。

等学生小组讨论结束之后，可以每个组找1~2位同学进行发言，和其他组进行信息共享。通过这样的讨论和分析，可以有效提高学生的语用能力，将合作原则应用到教学实践之中。

（三）合作原则在写作语教学中的应用

在很多英语测试中，写作题目都有一定的字数限制。这就要求考生必须充分遵守合作原则四准则，在数量、质量、关系及方式四个方面下足功夫。既要保证写作内容全面，论点充足，又要避免赘述，造成表达力不足。

此外，合作原则在阅读和翻译方面也可以得到有效应用。由于篇幅关系，本节就不一一展开论述了。

格莱斯的合作原则是语用学的一个重要理论。人们在交际时，总是潜意识地遵守合作原则及其相关准则，通过故意违背其中的一个或几个准则，来产生新的会话含义。大学英语教学过程中，授课教师可以给学生简单地讲授合作原则及其四准则，使学生意识到会话含义的产生机制，并在语言学习过程中有意识地应用该理论。

第六节　有机教育与大学英语教学

　　有机教育作为后现代哲学的产物，为大学英语教学改革提供了新的视角。有机教育倡导教育要素之间的纵向、横向联系，知识学习和个人发展的有机联系，这对大学英语教学改革有一定的启示作用。在有机教育思想的指导下，大学英语教学对学生的知识学习及个人发展起到了促进作用。

　　大学英语教学一直走在教学改革前列，四十多年来大学英语在提升学生英语语言技能方面取得了可喜的成绩，但同时也面临很多争议和危机。大学生为什么要学英语？大学英语的教学目标是什么？学习者的需求是什么？面对这些质疑，英语界一直在不断地探讨解决途径和改革方向。2016年教育部颁布的《大学英语教学指南》明确指出："大学英语在注重发展学生通用语言能力的同时，应进一步增强其学术英语或职业英语交流能力和跨文化能力，以使学生在日常生活、专业学习和职业岗位不同领域或语境中能够用英语进行有效的交流。"这一指南对大学英语教学提出了更高要求。本节用哲学家怀海特提出的过程实体哲学和教学目的来指导大学英语教学改革。

一、过程哲学与有机教育

　　怀海特在1929年出版了两本十分重要的论著，即《过程与实体》和《教育的目的》，为哲学和教育学开启了新的时代。第一本书批判了各种实体论，提出了过程论。实体论长期占据主导地位，认为宇宙万物由实体构成，包括物质实体和精神实体。过程论则避开了对二者的绝对区分，认为所有实体都是处于一定有机关系和发展过程中的，"宇宙有动态性、流变性和过程性，应在动态性宇宙和动态性人类之间建立创新和和谐"。而《教育的目的》一书则认为，教育的目的不仅仅在于传授知识，而要强调教育要素的有机联系，开启学生的智慧，认知自身的责任。

Mc Daniel 认为，有机教育的教育目标是激发学生的好奇心，发展其潜在的创造力，培养有责任、有热情、尊重他者和自然的学生。中国学者王治河和樊美筠基于怀海特的哲学和教育思想提出了有机教育，认为教育应该整合各种要素，批判了教育中的碎片化现象，倡导在教育中实行有机教育的方针。这也适用于大学英语教学，避免了大学英语教学沦为高四、高五英语学习，避免了教学内容低层次重复。在大学英语教学中，让学生学到的知识不应该是一些碎片，而应该使教学内容无论是在语言还是在内容上都整合为一定的知识整体。在教学内容的设计中，应该考虑结合单元文章，梳理出一个系统性的知识板块，将它和其他学科、其他领域的知识结合，使课程讲授不再是语言技能的训练，也不再是翻译机器的训练，使大学英语课程能够实现新的教学目标，使其进一步增强学生的学术英语或职业英语的交流能力和跨文化能力，使学生不仅能够进行日常的交流会话，也能够在不同领域对某一话题进行一定深度的探讨，使大学英语教学实现以英语语言技能为工具，建立和各个领域的新的连接点，促进知识和个人的全面发展。

二、有机教育和大学英语教学

有机教育要求教师有"系统归纳、触类旁通的综合能力，在讲授某一知识点时，有必要将其前因后果、相关联系交代清楚"，这样才可以有效地避免碎片化教学的弊端。大学英语教材通常是以某个话题篇章为主线进行单元设计，以《全新版大学英语综合教程》第四册第一单元为例，单元主题为自然力量对战争产生的影响，阅读文章选取了拿破仑和第二次世界大战（以下简称二战）中的两次极具影响力的战役说明自然力量的强大。学生通过阅读该篇章，能够体会自然的伟大力量。但是教师若能够实践"系统归纳、触类旁通"的有机教育精神，可以以该篇章为火花，点燃一片火海，使学生的视角能够触到更广阔的领域，建立更多的知识联系。如教师可以以希特勒的战争为点，建立起二战的地图，引领学生回顾二战历史，了解更多的著名战役、社会民情，以文章为起点，触发学生对二战的回顾及了解二战的影响，使学生碎片化的知识连接为一个整体，对战争有更全面的认识，植树成林，从中获得启发。

三、教学案例

有机教育强调教师和学生共同合作。例，如教师需要在课前认真梳理二战的过程，搜索反映二战的视频或文章，使学生了解二战的全貌，在此基础上形成自己的认识。教师可以梳理出以下问题：第一，二战之前的社会、经济、政治情况；第二，二战的起因；第三，二战的参战国及其各国在战争中的表现；第四，二战的经过；第五，二战的著名战役；

第六，二战期间的社会、政治、经济、人民生活情况；第七，二战时期人民对战争的态度；第八，二战的结果；第九，二战对参战国及其人民的影响；第十，二战后人们对战争的评价。

教师若在备课过程中不以希特勒入侵苏联的战役为契机厘清二战的全貌，只是把文章翻译一通，让学生背诵单元词汇，学生会觉得该文章枯燥无趣，也就不可能激发其好奇心，发展其创造力。但是如果教师梳理出有关二战的以上问题，就可以让学生了解二战的全貌，并在此基础上产生自己的想法。教师既可以自己准备回答以上问题的全部资料进行课堂讲授，也可以列出这些问题让学生课前找到相关内容进行课堂介绍。另外，也可以鼓励学生找出其他和二战相关的议题，以小组为单位，查找相关资料，准备好视频或文字材料，在课堂上进行交流或讨论。由于课时限制，笔者采取第二种办法，提供给学生以上十个问题，让学生组成若干小组，选取其中的两个议题，然后收集资料，组织材料，进行课堂介绍。

每个小组选取话题后，都对该话题进行了资料搜集和整理，准备了课堂讨论的资料。由于课后时间较充裕，题目内容较集中，所以每个小组的话题论述内容比较充分，部分讨论还比较深刻。研究二战之前的社会、经济、政治情况和二战起因的小组梳理了二战的起因，认为二战是由经济危机、法西斯独裁、一战影响、绥靖政策等各种因素导致的。该小组做完课堂发言后，有学生提出各个原因是否有联系，大家对此进行了一番讨论。有学生提出正是由于一战的影响，才让英法各国采取了绥靖政策，以至于让法西斯壮大了军事力量。通过基本事实的梳理，大家还能发现各个原因的联系,这就实现了有机教育启发学生智慧的目标。每个小组完成讨论之后,大家就对二战的轮廓有了清晰、完整的了解。经过教师的精心准备,以课文中的一场战役为切入点,引导学生纵观二战全局,使学生见树又见林,对二战有了整体的认识。在小组对所选题目进行陈述时,要求其他小组以表格的形式记录二战的各个要素,既可以厘清二战的发展历程,也有利于看到各个因素之间的相互联系。

有机教育作为后现代哲学的产物,完全适用于大学英语教学。有机教育倡导教育要素的有机联系,通过教师的精心设计,使以开启学生智慧、服务社会为目的的教育思想在教学中得到落实,切实促进教学方式的进步。

第三章　现代信息技术与英语教学

第一节　现代信息技术及其应用

一、信息技术的内涵

根据教育部的精神，我国《中小学信息技术课程指导纲要（试行）》中指出："培养学生对信息技术的兴趣和意识，让学生了解和掌握信息技术的基本知识和技能，了解信息技术的发展及其应用对人类日常生活和科学技术的深刻影响。通过信息技术课程使学生具有获取信息、传输信息、处理信息和应用信息的能力，教育学生正确认识和理解与信息技术相关的文化、伦理和社会等问题，负责任地使用信息技术；培养学生良好的信息素养，把信息技术作为支持终身学习和合作学习的手段，为适应学习社会的学习、工作和生活打下必要的基础。"信息技术是以计算机技术、通信技术、微电子技术为基础的一门新兴的高新技术。广义地说，信息技术是人类对数据、语言、文字、声音、图画、影像等各种信息进行采集、处理、存储、传输和检索的经验、知识及其手段、工具的总和，它具有超速度、网络化、信息流、数字化、智能化和多媒体化等特点。具体地说，信息技术是指人类获取信息和处理信息的方法和手段以及人类获取信息及处理信息所采用的工具和技术设备。它分为两个部分：一是硬件技术设备，如印刷出版技术、音像视频技术、基于计算机技术的资源开发以及其他综合技术等，它们是发展信息技术的物质基础。二是软件，指通过计算机等设备实施的对象、理论构想和知识体系、研究成果，如为教育教学设计的计算机辅助教学软件、计算机教学管理软件、教学设计软件、资源管理软件等。

21世纪是信息传播日益国际化的时代。在学科教育中，信息技术的主要特点为：

（一）技术手段的数字化

信息时代是以计算机和网络通信为基础，将文本、图形、动态的图像、动画、声音等各类信息进行数字化的再现、存储、传递和处理。在学科教育中，数字化就是将教学信息存入网站或刻录光盘，便于师生大量、反复应用。

（二）信息表现的多样化

多媒体技术可以使信息表现形式多样化，如通过文本、图表、影像、声音、音乐等集成来传递各种信息，使信息丰富多彩，有效地刺激学习者的视觉、听觉等感官。教学信息的多媒体化还可以使学习内容多元化、综合化和娱乐化，有利于获得最佳的学习效果。

（三）信息交互的智能化

交互技术是智能化的重要表现。人机交互功能就是人与计算机等媒体中的各种信息进行交互操作，特别是实时交互操作。计算机随时提供所需要的各种信息，比如学习者在学习过程中随时可以借助计算机自我评估学习效果。

（四）信息资源的网络化

随着网络的发展和信息高速公路的普及，网络所提供的人际间的信息交互服务，使得学习者在相同或不同时间、在相同或不同地点进行动态信息交流。知识信息将按照不同学科、不同分类，在不同的地方由不同的制作者发布。在这个网络中，接受者和传播者不仅可以共享信息资源，而且可以共同补充、更新和完善信息资源。

（五）远距离传播与实时传播

相对于电话、广播、电视等通信手段，计算机技术借助卫星通信和光纤通信技术，数字化信息传播具有传输距离更长、速度更快、范围更广、可靠性更高的优点。如网络教学中，教师授课通过网络传播，学生可以在异地实时接收进行学习。学习者还可以通过人机交互有选择地接收信息，由被动接收信息转变为主动接收信息。

（六）信息技术多元化

信息技术在教育中的发展是以多媒体技术为核心，以超文本和超媒体现代化技术手段为重要标志的。多媒体技术与信息技术的结合形成多媒体信息技术。多媒体信息技术是对文本、声音、图像、动画等信息进行综合处理的技术，它包括多媒体信息的传输、压缩、转换以及综合处理等。多媒体计算机技术、光纤通信以及多媒体计算机网络等都是多媒体技术研制成果的应用。

二、信息应用技术

20世纪80年代中期以来，互联网得到迅猛发展并获得了巨大的成功，世界上许多国家和地区纷纷加入互联网行列。1989年，欧洲粒子物理实验室万维网（World Wide Web，简称WWW、3W或Web）的出现，为全世界的互联网用户提供了一种获得信息、共享资源的革命性的全新途径，它是访问互联网的一种最容易、最流行的方式。1993年发明的WWW浏览器Mosaic以及后来Net Scape公司发布的Netscape Navigator，使互联网上的信息传播如虎添翼，进而推动网络教学的发展。今天，互联网已成为世界上覆盖面最广、规模最大、信息资源最丰富的计算机网络。用户只要有一台计算机、一个调制解调器（Modem）和一条电话线，然后向互联网服务提供商ISP（Internet Services Provider）申请一个账号，便可以进入互联网，共享网上其他计算机系统中的资源，相互通信和交换信息。

互联网源于英语国家。目前，网上绝大部分信息资源以英语作为载体，信息平台也多为英语界面。据统计，万维网上 82.3%的信息是用英语表达的。熟练地掌握英语是快速获取和利用信息的前提。在信息技术与学科教育的整合中，英语教师运用网络技术有着得天独厚的优势。但是，尽管有可以驾驭的语言工具，如何得心应手地利用网络技术是英语教师所面临的一大问题。以下将简要介绍一些常见的信息应用技术：

（一）收发电子邮件（E-mail）

E-mail是互联网中最快捷、最方便的一种人际交流方式，它突破了空间距离和物体媒介的限制，极大地拓展了人与人之间的联系。E-mail是与他人联络的一个基本途径。收发者必须先将电话线与电脑连接，在电脑上安装一个E-mail软件，然后向邮局申请一个账号（即E-mail地址），也可以在某一个网站上申请一个免费E-mail地址，同时设置一个用户口令或密码。

E-mail地址主要由 3 部分组成：用户名称、@和机器地址。用户名称是用户在申请注册时自己设定的，中国人一般都用自己姓名的汉语拼音的声母或全称作为自己的用户名，也可以在姓名后加上自己的工作单位或出生年月；符号@（即at）是个位置标志，必须出现在每个用户名后面；机器地址是接收函件的机器地址，结尾一般是.com（communication）或.cn（China）。用户地址中每一个字母或标点符号都必须拼写准确无误，否则发出的信件就会被退回。

（二）订阅电子刊物

万维网上有不少电子刊物可以免费订阅。免费发送的电子刊物只在线发表，不以纸张形式出版，并能及时到达读者手中。电子刊物基于万维网超媒体的特征，可以使文章包括更多的背景和链接，定位到其他的网络信息中。网络上有很多针对英语学习者的免费赠送的电子刊物，如 *enjoy English*，全球第一份中英双语、双码（汉语简体、繁体）免费电子杂志，每周发送。它的主要栏目有新闻英语、词汇辨析、谚语大全、英汉对照、词汇仓库、特别英语、英文教室等。该刊是"中国电子杂志联盟"的会员刊物之一，十分适合初中级水平的读者。

（三）电子投稿和发表

互联网不仅可以提供丰富的资源，还可以为师生提供一个很好地表现自己的舞台。当今，英语专业印刷版刊物相对较少，作者发表的难度较大。电子投稿和发表不失为一条极好的途径，它帮助师生通过互助共享发展自我，激发自我的无限潜力。投稿前，作者首先要研究刊物的需求和潜在的读者群，了解刊物读者的兴趣和需求，定位写作的内容；其次是根据自己的写作兴趣和目的，选择相关的电子刊物，特别是要从网页或站点上了解约稿通知。约稿通知中一般包括刊物名称、读者对象、稿件类型、内容要求、稿件长度、体例格式、投稿方式、投稿地址等内容。作者还应了解刊物的出版形式（印刷或电子版）、出版频率（月刊、双月刊或季刊）、发行量、栏目、稿件要求和稿件录用率等信息。写的作品要经过认真修改、加工、提炼和校对。写完后一般通过E-mail寄出，投给国内外电子刊物。

（四）网上交流

英语学习者可以通过上网聊天来提高自己的英语水平。网上交流的硬件要求不高。与朋友互通邮件只需安装E-mail即可；要访问某个网站或在网上发布自己的看法，则必须安装浏览器；在网上打电话，要求配声卡和话筒；想与对方进行声像视频实时交流，还要配上电子摄像头等多媒体设备；两人间实时讨论还需要安装TALK或TELL应用软件；群体讨论则需要使用IRC（Internet Relay chat）特别软件。

根据互动方式，网上交流可分为个人交流和群体交流。E-mail是开展键友（keypal）交流活动的有效途径之一。与传统笔友（pen pal）不同，键友活动借助现代媒体工具，使人与人之间交流更加经济、快捷、有效。E-mail是理想的语言学习环境，学生之间、师生之间或教师之间的网上交流与对话不仅会加深相互间的了解和友谊，还有利于促进思想交流和对所学语言的自然习得。开展键友活动时，教师应当帮助学生建立E-mail地址，决定键友交流的对象（国外或国内、同学或不熟悉的人），了解对方的地址；帮助学生理解键友活动的意义和作用，规定活动中使用英语进行交流，制定键友交流活动的组织要求（如时间、双方交流信件的频率等），帮助学生结成互帮互学的对子；讲解E-mail基本用法，包括从上机到收发信件等一系列步骤和诀窍；鼓励学生养成对来信立即回复的好习惯，培养学生的合作意识和对运用礼貌语言的习惯。

（五）制作多媒体课件

作为一种有效的教学辅助手段，多媒体课件是以多媒体技术为基础的计算机辅助教学方式所必需的，能高密度、大容量地传输教学信息。它通过直观、生动、新颖的图像、动画、声音、文本等方式刺激学生的感官，激发学生的兴趣，引导学生思维，增强课堂教学效果。制作多媒体课件是英语教师的一项重要技能。目前，用于英语课件制作的软件很多，诸如PowerPoint、Author ware、Flash和Director等。

第二节　基于信息技术的英语教学

一、基于信息技术的课堂教学变革

实践表明，运用互联网进行英语教学可使教学内容化远为近、化虚为实、化静为动、化抽象为具体、化宏观为微观，使英语教学从单一的模式向直观趣味性、艺术性和立体化模式发展。信息技术在教育教学中的广泛应用，带来教学方法、教学过程、教学资料等许多变化，自然也会改进教学效果。但是，如何将信息技术与英语教学进行整合是值得深入探讨与研究的课题。

首先，将信息技术与英语教学进行整合将使课堂教学模式发生很大的变革。具体表现在：

（一）教学信息源的变化

学校和教师不再是唯一的、甚至也不是最主要的信息源。随着现代传播技术、多媒体技术和网络通信技术的发展，大容量光盘百科全书、各类图文声像并茂的软件、原版VCD电影、电视教育节目、外语新闻节目、网上外语课程、国际互联网等开始在教育中大量应用，学生可以从更广泛的途径获得比传统课堂更丰富、比一般英语教师更地道的英语信息。

（二）信息类型的变化

信息类型变化主要包括信息载体形式的变化和信息内容组织方式的变化。信息载体形式的变化是指从文字印刷方式的课本，到电子方式的音像制品和幻灯、电影，再到数字、网络方式的教学软件和数据库等。这种变化改变了教学信息的表现形式和存取及传播方式。信息内容组织方式的变化是指从相互独立、线形序列、标准统一的课本教材转变为具有高度集成性、交互性、个别化和智能化的教学软件。丰富多样的组织方式改变了知识获取和建构的方式。

（三）信息流向的变化

以多媒体技术和网络技术为标志的现代教育媒体技术，将教学媒体与教师（活媒体）共同构成一个学习环境，教学信息被它有机、超链接地组织成一种网状结构，信息的流向和控制是双向多边的，教师和学生同处在信息接收与发送地位。英语课堂中，教师的主要作用不再是直接提供语言信息，而是组织语言信息、创设语言情境、激发交际需求和学习兴趣，引导探究学习活动。信息流向的改变和控制的多边交互对教师提出更高的要求。作为整个教学方案的设计者和学生活动的引导者，教师是课堂教学成功的关键。教师的教学思想、教学目的、教学方法和教学风格，以及教师对学生需求的了解、对电脑设备的熟悉程度和操作熟练程度等都会影响教学效果。

二、基于信息技术的教学模式

现代电脑多媒体技术的应用将打破传统课堂教学模式，取而代之的是一种开放的、大信息量和充满活力的教学模式，这些新技术对传统的英语教学提出了新的挑战。在信息技术和英语教学的整合过程中，应把信息技术作为认知工具，为学生营造发挥创造潜力的课堂教学环境。教学活动设计的基本出发点在于促进学生与教师之间、学生与学生之间的交流，促进学生积极投入英语学习中，充分发挥自己的积极主动性，提高课程学习的参与度和交互性。基于信息技术的英语教学模式有以下几种：

（一）演示型教学模式

英语教学中的演示型教学魔兽是指采用多媒体的表现形式，利用Word、Powerpoint编写演示文稿，把教学的主要内容、材料、数据、范例等显示在屏幕上，以辅助教师的讲解，这是一种较为基本的教学方式。演示型教学模式在课堂上需要一台电脑，配合投影仪和话筒，教师根据教学目的选用一些现成的多媒体教学软件，或自己动手制作多媒体课件，通过超级链接功能把声音、图表、剪贴画或其他相关文件插入或链接到演示文稿中。课件演示手段集视、听、说为一体，教学过程显得生动活泼，有利于突破教材的重点和难点，优化教学过程，创设情境，激发学生的兴趣，充分调动学生的学习热情，提高教学效率。例如：在教SEFC

第一册第 26 单元 *An interesting Life* 时，可从 http：//www.bobgeldof.com/ 网站搜索一些关于流行歌手 Bob Geldof 的资料，例如 Bob Geldof 的代表作 *Do They Know it is Christmas*、Bob Geldof 本人的照片和一些饥饿不堪的非洲人的图片，以及一些反映 Bob Geldof 为非洲贫民义演的画面，编成一组"幻灯片"，同时配上录音。在课堂上展示这些资料，增强学生的感性认识，并让学生就这些材料在课堂上进行讨论，突出课文主题，有利于学生感知、想象和理解。

决定是否采用某课件的依据是：课件的教学目标是否与课堂教学目标相一致；学生知识水平是否达到课件所需要的程度；课件能否有助于提高教学效率；课件能否引起学生的兴趣；课件是否具有较好的交互性能和超文本链接功能。

教师应把媒体由讲解演示的工具转变为学生认知的工具，避免把信息技术仅仅作为一种播放工具或用来展示知识内容的工具。同时，还需注意有不少课件存在一些缺陷。有的课件过分追求多媒体的音响效果，在课件中插入鼓掌声、怪声音或过多的音乐，这不仅不能增强教学效果，反而会妨碍学生的思考，干扰课堂教学。有的课件追求华丽的界面，采用比较亮丽、鲜艳的色彩或与教学内容无关的画面，这不仅会冲淡主题，而且会分散学生的注意力。也有的课件重演示现象、说明问题、传授知识，轻揭示过程、培养能力。还有的课件以教为主的教学设计多，以学为主的教学设计少。演示的课件应当体现有效性、适当性和效率性。教学中要注意不过度使用投影仪，屏幕投影的时间最好控制在一半课时内，压缩教师的讲述时间，把时间留给学生，增加学生与教师、学生与学生的互动交流。千万不能把课堂教学从传统的"一言谈"转变为现代教学技术伪装下的"屏幕谈"。

（二）网络辅助教学模式

以计算机为基础的现代信息技术不仅是教师演示的工具，还将逐渐成为学生获取信息、研究问题、培养能力、增长知识的辅助手段。网络辅助教学模式是指学生在教师的组织和指导下，借助网络计算机进行集中学习的一种教学方式。它利用多媒体技术的交互性特征，使人机之间进行直接双向交流，促进学生积极、主动进行探讨式或发现式学习，使他们通过自己的思考及在网上寻找信息、寻求答案，提高思维能力和创造能力。

网络辅助教学模式是伴随着多媒体计算机语言实验室而出现的，它可以分为局域网教学模式和广域网（互联网）教学模式两种形式。目前很多学校都建成了校园宽带网，为在互联网上学习或下载、开展交互性教学提供了很大的便利。在听力教学中，教师先从网上下载一个播放器（Real Player），利用播放器进行网上实时与即时电视广播的收听与收视。Real Player 8.0 的界面上标有多个新闻媒体和娱乐公司的链接频道，只要用鼠标双击这些频道图表，计算机就会自动链接这些频道并在播放器的右边显示屏幕中播放的声音和画面。引导学生上网进行听力训练有助于接触大量地道的语言材料，选择加工 Real Player 中的听力材料是辅助听力教学的有效手段。

网络交互式教学在阅读教学中有广阔的用武之地。互联网的资源非常丰富，教师可以为学生提供学习网站的网址，让他们在互联网上浏览阅读。这种方法比较适合于课外的阅读练习，以扩大阅读量，提高阅读能力。但是，中学生英语词汇量毕竟有限，识辨能力不强，如果把他们扔到浩瀚的网络海洋中让他们自己汲取知识，学生进入阅读网页后可能面对屏幕不知所措，不知道该读哪些文章，难免浪费时间，达不到阅读的目的。因此，网络辅助阅读教学时，教师应根据教学目的以及学生实际情况，选择阅读文本，制作网页，将互联网缩小化，让学生在教师设计的局域网上阅读。

  Fast Reading是在Reading的基础上拓宽知识，掌握快速阅读的技巧。通过Reading活动环节让学生了解endangered animals的现状与根源，并明确解决问题的方法，对这个主题有一个完整的认知体系。设计时可以在屏幕上以预设的速度逐行滚动文本的方式对学生进行控时快速阅读。

  通过E-mail进行网络交互答疑也是网络辅助教学的手段之一。E-mail可以将教师与学生、学生与学生紧密联系起来，实现师生和生生的互动。在网络教学系统中安装电子信箱，让学生利用E-mail形式提交作业或向老师提出问题。如果学生在课堂学习中或在课后复习时有什么问题，可以随时点亮网上"答疑按钮"，屏幕开出一个E-mail窗口，学生可通过该窗口将问题用E-mail方式寄给教师，教师随时解答出现的问题。如果学生提出的问题有普遍性，可以将问题放到网上的教学系统中，供所有学生参考。如果问题只针对某个学生，则可以直接将答案通过E-mail寄给学生。学生也可以用E-mail形式在网上进行探究和讨论。网络辅助教学有助于开展协同学习与合作学习。

（三）虚拟现实教学模式

虚拟现实（Virtual Reality）是指利用多媒体技术仿真模拟或再现一些现实中不存在的情境或难以在课堂上实际体验的事物，使学习者身临其境，易于集中学习者的注意力，增强教学效果。

将现实情境借助计算机技术处理后在课堂上播出，通过虚拟现实情境组织课堂教学，这种方式可以使学生在cyberspace的语言环境中、在与计算机交互过程中完成某一项特定学习任务。虚拟现实技术超越了时间和空间、静止和运动、语言和形象的障碍，能模拟现实情况下难以实现和完成的任务，变静态为动态、变抽象为形象。这种直观新颖的知识表达技术是常规教学手段无法比拟的。例如，在视听媒体的辅助下，设计虚拟学习者在国外生活或学习的情境（如在商场购物、在飞机场迎接客人、在医院看病、在街上乘坐公共汽车等），要求学生与不同的外国人进行对话，进行虚拟情境训练。这种训练方式利用了计算机的优势，临场感强，对提高学生对环境、学习内容的适应能力具有很重要的作用，尤其适合于口语教学。

虚拟现实是多媒体模拟技术发展的方向。制作虚拟现实情境并不复杂，只要拥有一部数码相机，利用Real Producer从http://www.real.com/下载制作软件，就可以模拟虚拟现实的情境。

第三节　基于在线方式的 E-Learning

一、E-Learning 的背景与内涵

1997年10月，美国CISCO（思科）公司运用E-Learning"电子学习"理念，启动了以CISCO网络技术学院为载体的互联网人才培训计划，旨在提高企业员工素质，以适应经济快速增长的需求。不到四年，CISCO网络技术学院从最初的64家被迅速克隆增长到7000家。目前大部分美国企业都以E-Learning的形式培训员工。E-Learning是在互联网基础上进行学习的过程，所以又被称为在线学习或网络学习，它由三个要素组成：多媒体格式表现的内容、学习过程的管理环境以及学习者、内容开发者和专家组成的网络化社区。基于在线方式的E-Learning必须借助互联网技术、设计学习内容和管理服务三方面全方位的支持。这种学习方式依托互联网多媒体技术平台，借助网络学习资源、网上学习社区及网络学习环境，汇集大量的数据、档案资料、程序、教学软件、兴趣讨论组等学习资源，形成了高度集成的资源库，通过网络把学习资源传送到学习者面前，使他们可以随时随地地进行学习。

E-Learning之所以在短时间内快速发展，是因为它有许多得天独厚的优势：

（1）E-Learning是一种最具开放性的学习方式，它消除了时间和空间的障碍，拓展了学习的时空，在任何时间、任何地点为任何人提供学习机会。E-Learning打破了教与学在时间和空间上的不可分割性，它可以

走出课堂，不受铃声和作息的规定。因此，E-Learning不仅适合于在校学生的课内课外学习，同时也适合于在职学习者的终身学习。

（2）E-Learning降低了学习成本，大大节省了学习者在各方面的开支。研究显示，相对于面对面讲授或培训来说，E-Learning会节省70%的费用。

（3）E-Learning引领学习时尚，有利于学习者及时获取最新的信息。有过这方面学习经验的人都一致认为，E-Learning总能在第一时间把最新的知识，内容活泼、富有趣味性的信息传递给学习者。而且，由于有名师或名家参与设计的学习目标和学习内容、专业人员的导航，学习者可以获取更多知识和技能，大大提高了学习效率。

（4）E-Learning是个性化学习，它有利于培养学习者自主学习的意识，提高学习者之间的协作和交互能力。以在线方式为主要特征的E-Learning不仅仅是经济模式变化和信息传递方式变化的结果，同时也是信息获取方式变化、学习方式转变的结果。

基于上述认识，有人把E-Learning的优势简要地归纳为以下四个方面：

● Reach——E-Learning能够吸引广泛的学习者；

● Reduce——E-Learning能够降低学习费用；

● Retain——E-Learning能够使学习者的大脑保持大量的知识和信息；

● Result——E-Learning能够直接推动学习者的自主发展，转变学习者的学习方式。

二、E-Learning 的实施

（一）自主学习

E-Learning为学生提供了一个广阔的学习空间和崭新的学习手段，每个人都处在同一个信息网络之中，知识的传播、扩散、交流、共享和增值在信息网络中可以得到实现，学生不仅从中获得知识，而且还提高了学习的兴趣和效率。学生也可以利用E-Learning手段，根据自己的需要来选择学校、教师、课程和学习方式；根据自己的知识基础和特点，自由地选择合适的学习资源。按照适合自己的方式进行学习，学生可以得到比课本更丰富、更新鲜的知识和信息。信息技术应用于学习中，把学生单一接受知识的途径改变为多元化方式，为培养学生创造性思维和进行创新教育提供了良好的技术保障。多样性和灵活性的学习形式有利于激发学习者学习的主动性，使他们的学习方式发生变化。从学习者的自主学习方式来看，可以分成两种：一是学习者把E-Learning作为自己课堂学习的补充或辅助。二是学习者以在线方式注册报名学习某种网络课程。

E-Learning为学习风格的个性化提供了更大的空间，为学习者自主学习创造了前所未有的条件，赋予他们选择学习内容和学习方式的主动权，因而备受教师和学生的欢迎。目前，越来越多的学生运用电子手段、电子教材或通过网络上的E-Learning系统来学习词汇、语法，或训练听、说、读、写等语言技能。

在线方式的网络学习是在校学生系统学习英语课程或在职教师提高学历和业务水平的有效途径。学习者也可以通过正式注册进入网络课程教学系统的"教学"区，经过登录、身份确认，获得完全个性化的学习环境，即拥有个人的信箱、笔记本、课程表、指导教师、讨论组、公告栏等，在网上查阅信息、听讲课程、完成作业练习或进行考试，整个学习过程都在网上进行，既方便又实用。学习者可以知道自己的学习效果和进度，还可以与老师、同学交流，不上课的时候还可以在网上温习课程内容，或者做一些互动式练习。

学习者只要进入E-Learning系统，就很容易找到合适的网站、相关网页和所学课程，网页上不仅有学期设置、课程安排、学习重点，还有相关搜索链接，用来选择学习的内容。在E-Learning系统中，学习者可以按照自己的日程表有效地安排学习时间，根据自己的实际水平安排学习进度，选择学习内容，制订复习计划，也可以从局域网内容跳到广域网内容。即使是初学者，也可以根据自己的情况安排学习进度，而不会感到丝毫压力。有的网页除了提供在线的文本内容外，还辅以音频、视频和动画等形式，以生动地表现文本内容。在部分网页所提供的课程章节中，除了有学习目标、术语表和小测验外，还在每节下面设置了相关内容的超链接，学习者很容易找到更多的内容，有利于进一步学习。

（二）合作学习

合作学习是指师生、生生之间的合作与互动，体现了学生的主体性和教师的主导性。在E-Learning模式中，学习的主体性表现为学习的积极性和主动性；教师的主导性表现为正确引导和启发学生进行学习。在E-Learning环境下，教师要培养学生获取知识的能力，向学生推荐方便快捷获取信息的E-Learning途径，教他们"怎样学"，具体地说，就是教学生如何查询和获取所需的信息和知识，如何处理、分配和使用信息，因此师生之间的合作与互动显得特别重要。师生关系是民主型合作者,互相进行思想交流、信息沟通和情感联络,成为共同进行学习探究、共同提高的伙伴。

教师可以利用局域网和广域网,设计和指导学生开展E-Learning活动,传授在网上E-Learning的操作技能,如收发邮件、选择学习内容、求教各种学习问题等,帮助他们熟悉E-Learning的各个环节。教师还可以在线辅导答疑,批阅作业或试卷,监控学生的学习并及时给予反馈。师生之间、同学之间可以在网上交互讨论,发表意见和观点。鼓励学生迅速、如实地把学习情况反馈给老师,有不明白的地方,还可以在网上与老师和其他同学即时讨论。每上完一个章节,应安排学生做个小测验,然后根据学生的答题情况及时给予评估,或调整课程进度和学习内容,并针对知识难点或要点做进一步详细的讲解和强化练习。研究表明,基于在线方式的E-Learning能够利用信息技术实现多种互动和协作环境,学习效果比传统课堂要好得多。

(三)资源共享

E-Learning系统体现了开放、平等、交流与共享的原则。学习者在E-Learning中不仅是简单地从网上获得知识或单向地享用E-Learning系统中的知识和信息,还可以对各种信息进行加工、处理、修改和重新组合,或发表自己的看法,或把最好、最新的知识资源添加到网络资源库中,促进信息的共享和增值,加快知识更新和知识转化的速度。由此可见,E-Learning系统是在网络上建立的、学习平台,学习者可以在这个平台上交流与共享知识,从中获取更多的信息。

第四节 信息技术与学科教学整合的含义和意义

一、信息技术与学科教学整合的含义

信息技术与学科教学整合,亦称信息技术与课程整合,是在计算机在社会各个领域以及家庭、私人生活中普及的大背景下出现的教育新课题,它与传统的"电化教育"有渊源关系,但在教育领域的作用远非后者那么简单。

徐晓东先生在考察"信息技术与课程整合"这个概念时认为,该概念来源于课程整合的概念。"整合"一词,来源于英语的"integrate",意为:"结合(with);使并入(into);使一体化,使其成为一体。"课程整合(Curriculum Integration)意味着对课程设置、各课程教育教学的目标、教学设计、教学评价等诸要素做系统的考虑与操作。也就是说,要用整体的、联系的、辩证的观点认识和研究教育过程中各种教育因素之间的关系。通俗地说,所谓"课程整合"就是要综合考虑某专业学科教学内各门课程之间的有机联系,从而优化该专业学科教学的课程结构。

对信息技术与课程整合,刘茂森先生曾下过这样的定义:"所谓信息技术与课程整合是指,信息技术教育课程的目的、任务与学科课程教学的目的、任务整合在同一教学过程中。"这里刘先生明确地界定了信息技术与课程整合是信息技术课程与学科课程的整合即课程的综合化,也就是"信息技术课程"与其他学科专业课程的整合。简言之,这是一种

"课—课"整合。

很显然，本节中讨论的"信息技术"不是"信息技术课程"，"信息技术与学科教学整合"也非"课—课"整合，而是某项技术与某学科教学的整合。如果把学科教学具体化，就意味着信息技术与该学科的所有课程、整个教学过程、所有教学活动的整合，并且涵盖了该学科自身的"课—课"整合。

"课—课"整合是基于单个课程。信息技术与学科教学整合则是包含所有课程，但又非某学科各门课程的简单相加，因为这种整合至少可以包括以下四个方面的含义：①信息技术与课堂教学的整合。这方面的整合结果包括CAI、Web-based CAI、CMI、校内闭路电视、卫星传输教学节目、电影、幻灯等利用信息媒体展示教学信息而开展教学的模式。②信息技术与学习活动的整合。这方面的整合结果包括CAL、CSCL、利用计算机网络开展的讨论及在线会议、利用视频会议开展网上讨论学习及在线答疑、E-mail、Blog、BBS等模式。与①不同的是，该方面的整合体现了信息技术不仅仅是作为展示教学信息和抽象知识的载体，它更多的是作为教与学的互动、学生之间的交流与沟通的工具。③基于信息技术的课堂教学与基于信息技术的学习活动的整合。该方面的整合是以①、②为基础，以建构主义课程观为指导，形成"以学生为主体"的学科教学模式。④信息技术与教学资源的整合。该方面的整合比较容易理解，就是教学资源（教材、学材、教参、学参）的信息化、数字化。

二、信息技术与学科教学整合的历程

考察一下信息技术被引入教育领域的历程，就可以看出上述的含义分析是有依据的。信息技术对学科教学最初的影响主要表现在硬件条件上，然后逐步开始影响师生的教学行为、教学理念、课程价值取向等。它遵循着"由表及里""由具体到抽象""由显功能到隐功能"这样的发展过程。国内有学者就按照信息技术对课程影响的层面不同而把信息技术与学科教学的整合过程划分为四个阶段：工具阶段、教学方式阶段、课程研制阶段和课程重构阶段。

第一阶段以20世纪50年代末信息技术进入教育领域为标志。当时，美国IBM公司的三位研究人员在IBM650型计算机上连接一台打印机作为教学终端，教小学生二进制算术。此后，把信息技术应用于教学的尝试就没有停止过。动画在教学中的应用、用电子幻灯片展示教学内容或者创设教学情境、使用统计软件处理实验数据或学生成绩、使用Blog辅助形成性评价、通过网络论坛（BBS）补充传统课堂师生互动等，都是信息技术作为工具在教学中的应用。在该阶段中，信息技术对课程的影响是非系统性的，而且良莠不齐，有的达到了增强教学效果的目的，有的非但目的没有达到，而且费时费力。信息技术主要是作为一种纯粹的辅助工具而被应用于学科教学的。

随着硬、软件技术的发展以及人们对信息技术的应用积累，信息技术对学科教学的影响也在逐步加深。在某些教学领域，出现了与信息技术应用相配套的教学软件和硬件，或者两者相结合的商品化教学产品，如国内的科利华公司开发的"家庭教师"、金洪恩公司开发的"环境英语"、东方正龙公司的网络多媒体语言学习系统等。此为第二阶段。在该阶段中，信息技术在教学中的应用逐步走向系统化，而且开始形成一种有别于传统教学的教学方式。在这种教学方式中，信息技术成为不可或缺的硬、软件条件，教学活动在数字化的环境中进行。虽然大多数情况下，该教学方式需要与传统的教和学相结合来完成教学任务，但在某些教学领域，它几乎颠覆了传统教学模式，成为现代教学的主流方式。

进入第三阶段后，传统课程的"大纲＋教科书＋教参"的形态以及传统教学条件基础上的教学理念逐渐显示出一种"捉襟见肘"式的窘态。于是，人们开始尝试设计新课程。如在教学资源建设中，把承载课程的媒体与课程实施的外部资源条件都进行了数字化；在教学实施的过程中，人们也开始逐渐摒弃或重塑传统的教学理念，以期与信息技术基础之上的新型教学方式相适应。这些变化必然导致以信息技术为基础的课程的产生。

在该阶段的课程中，信息技术与学科教学的整合不仅表现在其承载媒体是信息技术，而且还表现在其教学方式、教学理念等都是信息技术"化"的。只是课程的价值取向及与之配套的课程目标均没有显露出明显的变化。

到了第四阶段，由于信息技术在社会生活领域的全面渗透，明显地造成了社会文化的变迁，从而诞生出一种文化，姑且称之为信息文化。在这样的文化背景中，教学活动中的信息技术也超越了技术层面，被赋予新的意义，被信息技术所整合的课程价值取向也随之发生了重大变化。传统的课程与工业社会相适应，它以知识传授为主要目的，是一种前喻文化背景下的课程；新型课程则与信息社会相适应，以素养和能力培养为主要目的，是一种并喻—后喻文化背景下的课程。课程价值取向的变化以及前三个阶段所积累的在物质载体、教学方式及相应的教学理念上的变化，使得传统课程被信息技术逐步全面解构，从而在新的文化背景下得到重构。

三、学科教学意义上的"信息技术"及主要类别

信息技术是指人类对数据、语言、文字、声音、图画和影像等各种信息进行采集、处理、存储、传输和检索的经验、知识及其手段、工具的总和。但在学科教学意义上，"信息技术"一词通常被狭义地用来指称计算机的应用，包括应用技术或技巧，甚至可以通俗地称之为"计算机的操作"。"信息技术"一词一般不涵盖那些比较专业和尖端的信息技术，即信息的实现、包装和传递技术，如二进制编码、如何用数字信号读取和存储图像、音频视频流的采集和编辑、信息加密、模拟信号与数字信号、电话线与光缆、信号衰减与放大等。

由此，就学科教学而言，我们可以简单地把信息技术归结为计算机的应用技巧或操作技巧。信息技术与学科教学的整合，从通俗的实践意义上来说，其含义就是把已有的计算机技术应用到教学中以达成各种教育目的。

于是，在学科教学意义上，我们把信息技术分为以下三大类：①各类应用软件，如Powerpoint、Word、Excel、Flash、Photoshop、Dreamweaver等。②数字信息资源，如网上资源、光盘资源等。③各种教学互动平台，

如主页、E-mail、QQ、Blog等。

四、信息技术与学科教学整合的意义

基于上面的描述，我们认为，完全意义上的信息技术与学科教学的整合都应涵盖上述三类技术，与此相应的，其整合也具有以下三大意义：

第一类整合的意义是工具意义，即人们可以利用某种工具来大大提高劳作效率。这种意义，对英语学科教学和对其他学科教学而言，都同样存在。该类意义是信息技术与所有学科教学整合所普遍具备的。例如，Powerpoint的使用可以美化教学界面，Excel的使用可以提高班级成绩管理效率。再比如多媒体的运用使原来的教学平台变得丰富多彩；教学演示软件使原来许多无法演示的教学内容都可以展现给学生；某些板书时间可以通过预先准备的PPT而得到节省，使得课堂时间得到更充分的利用；等等。

第二类整合的意义是资源意义，即人们可利用和分享的资源大大超越个体人脑和传统纸质媒体所承载的量。这类意义，对英语学科教学和其他学科教学而言，性质上也是一样的，但具体表现上，英语学科却有着自己的特殊性。例如，各个学科教学都可以做到教案共享、题库共享、教材共享。这就是这类整合针对不同学科所呈现的一致性。

但英语学科教学本身的特殊性却意味着任何以英语为载体的材料都可以用作教学资源。比如，整个互联网上，只要有英语文字出现的网页，不管其内容属于哪个学科，都可以作为英语教学资源。这种特殊性，不同于其他学科之间的那种差异，比如数学学科与法律学科，如果两者的学科材料可以共享，就意味着跨学科的现象发生了。比如"犯罪统计"，就跨了数理统计与法学两个学科。但某个有关法律的英语文本，用作英语学科教材时，并不产生通常意义上的跨学科现象。

这一特殊性，也是信息技术与英语学科进行整合时必须考虑的。在一些涉及特殊用途英语教学（English for Special Purpose）的活动中，这一点尤其显得重要。有必要指出的是，这类整合大大提高了学生开展自主学习、探究型学习的便捷性。因为如果没有计算机、没有互联网，学生开展此类活动只能依赖于图书馆、社会调查、教师指导等传统方式。从这里也可以看出某种技术或工具不仅具有工具意义。

第三类整合的意义比较复杂，因为它不仅整合了第一、二类意义，不仅补充或扩展了传统的教学平台，更是搭建了一种前所未有的、具有革命性的教学平台。在学科教学中，它因此具有一定的课程论上的意义，甚至是教育哲学上的意义，我们姑且称之为平台意义。所谓平台意义整合了第一、二类意义，其具体表现是：在所有这些平台（主页、E-mail、QQ、Blog等）中，都会有计算机的第一、二类应用。平台意义与前两类意义的关系不是简单的包涵与被包涵的关系，而是整合与被整合的关系。

计算机应用对传统教学平台的补充或扩展则表现在：在传统教学中，主要的师生互动必须是实时、实地、同步的。虽然传统课外作业的布置与完成、修改、反馈可以在时空上不实时、不同步，但这种互动方式在教学中并不能成为主流。传统函授类教学（仅指通过通信来进行的教学）对这一点进行了突破，但其效率、规模和可操作性都受到一定的限制，只能作为传统教学模式的补充。

但计算机技术的应用，使得大量新型的教学平台涌现出来，并能有机地融入传统教学平台中。例如，教学Blog可以把教师与学生以前的互动成果记录在案，供学生进行反思或复习，或者供后来的学生进行观摩；QQ可以远程（非实地但实时）地进行教学互动。这就是信息技术与学科教学进行整合的平台意义。

应该注意到的是，该意义颇为复杂。比如，QQ、E-mail之类的互动，不仅突破了传统教学平台的实时、实地性，而且赋予师生互动强烈的私人化意味。这就可以使传统教学平台中师生互动的"一对多"模式变成"一对一"模式。这两种模式对学生、教师本人及教学效果等的影响，还有待于长期、深入的观察和研究。

所以，在此，我们认为平台意义是带有革命性的，具有教育哲学或课程论上的意义。因为它突破了传统的"课内—课外""书本—作业本""教师—学生""讲课—听课"等教学模式。

第五节　信息技术与英语学科教学整合的内容、范畴和对象

一、内容与范畴

这里所谓的内容和范畴，是指当把"信息技术与学科教学整合"本

身看作一门学问时，其研究的内容和范围应该是什么。根据上面第一节的讨论，我们认为，应该从理论、开发、操作和制度这四个层面来对信息技术与学科教学整合进行探索和研究。

在理论层面，我们应该把所有与信息技术在学科教学中的应用相关的理论都纳入视野。比如建构主义理论，作为新一轮课程改革的理论基础，它对新的教学理念、教学模式、教学方法以及教学组织形式的形成，必然会产生深刻的影响。于是，我们的研究内容就可以包括：建构主义学习理论背景下的教学设计理念、信息技术支持下的教学策略和教学结构、整合了信息技术的学科教学环境中教师的地位和作用、整合了信息技术的学习环境中学习者的角色和学习策略等。

在上一节中，我们指出，在学科教学的意义上，"信息技术"一般不涵盖那些硬件色彩较浓的信息技术，即信息的实现、包装和传递技术、用几进制编码、如何用数字信号读取和存储图像、音频视频流的采集和编辑、信息加密、模拟信号与数字信号、电话线与光缆、信号衰减与放大等。虽然在编程中，有些技术确实与信息技术与学科教学整合有关，但对广大非信息技术专业的教学、科研、管理人员来说，我们认为，这些理论不应纳入研究范围。这一点正如广大的计算机用户不需要明白计算机的原理，但照样可以使用它一样；或者如一个文盲不需要对自己所用的语言进行语法分析但却可以进行交际一样。可以想见，在该层面从事研究的人员大多是专家学者或研究生。

在开发层面上，其内容是指在有关理论指导下，研究如何利用信息技术达到各种教学目的。例如，如何依据建构主义学习理论和信息技术创设有利于学生探究发现并建构知识的学习情境,如何将信息技术与其他学科相联系以组织形成一个新的、完整统一的知识体系,如何利用或架设各种"互动—展示"平台开展课程活动或进行评估,等等。在该层面从事研究的,除了教学人员,也有一大部分是来自非教学领域的,比如企业中的硬件、软件技术人员。

  在操作层面上,其内容相对单纯,它指的就是信息技术的应用技巧,如各类应用软件的使用技巧、课件制作技巧以及如何对互联网上的教学资源进行分析或利用或再开发等。该层面的研究力量主体应该是教学一线人员。

  在制度层面,研究内容则是探讨如何提高教育从业人员与学习者的信息素养、如何促进并评价教学一线人员在信息技术与学科教学整合的努力及成效、如何从制度上支持信息技术与学科教学的整合。例如,信息技术培训与考核模式、信息技术应用的奖惩制度等。该层面的研究者主体应该是教学管理或决策人员。

  应该指出的是,这四个层面的划分仅仅是理论上的,在实际研究中,不同层面的内容是可以互相渗透或交织的。一些信息化教学平台的设计就同时涵盖四个层面的内容:该教学平台的设计理念,即理论层面;软硬件设计与生产,即开发层面;使用方法与技巧,即操作层面;管理,即制度层面。

  上述内容,原则上适用于所有学科教学。但对某具体学科来说,自然还必须包括那些具有学科特点的内容。如对信息技术与英语学科教学整合来说,在理论层面,诸如普通语言学、语言哲学、语用学、语言习得理论、认知语言学、心理语言学、课程学、教学论等内容都可以包括在内；在开发层面，那些针对语言技能学习的教学平台和开发自然归入研究内容；在操作层面，与语言学习高度相关或本身就是针对语言学习开发的应用软件的使用技巧，都是其研究内容。

二、对象

信息技术与学科教学整合的对象是指哪些类别的信息技术可以被整合进学科教学。从本章第一节的描述和分析来看，信息技术与英语学科教学整合的对象也可以根据上述三类信息技术分成工具性整合、资源性整合和平台性整合。这就意味着整合的对象应该是各种有工具意义的应用软件、各种有资源意义的以英文为载体的图文或多媒体材料、各种有平台意义的互动软件。下面分类述之。

（一）工具性整合的对象

工具性整合相对单纯，任何具有工具意义的应用软件，都可以被纳入整合的视野。根据教学不同环节的需要，工具性整合的对象可以归为以下三大类：①教学准备型软件。这类软件可以帮助教师在教学准备阶段准备提供给学生的多媒体材料。如Word、Powerpoint、Flash、Photo Editor、Dreamweaver、CD Wave Editor、Ulead Video Studio等，不一而足。②教学演示型软件。它与第一类有重叠，但相对单纯，因为一般的制作软件都有演示功能，而且用不同软件制作的成果可以用单一的软件进行演示。③教学评价与管理软件。如各种统计软件、电子表格、考试系统、出卷系统等。

（二）资源性整合的对象

资源性整合的对象应着眼于当前已经普及的互联网技术和多媒体技术，把所有与本学科相关的资源都纳入学科教学的整合范围。例如，针对英语学科教学，其资源随着信息技术的引入有了革命性的改观。任何以英文为载体的材料，不管其内容是属于什么学科的，都可以作为教学资源。而且这些教学资源的地道性（输入刺激）也是前所未有的。除了文本型资源，那些有Native Speaker发声的音频型资源，更是使得学生在听说方面有异于他们的前辈。即使英语师资力量相对薄弱的地区（教师语言基本功相对较弱的地区），如果有这样的资源并得到合理、充分的运用和开发，学生的语言能力也可以不再受制于有限的师资水平，至少在发音上可以提高很多。

在英语学科教学中，资源整合根据本学科特点及在教学中的使用主体和目的不同，可以分为以下三类：第一，素材。所有以英语为载体的文本或音视频材料，都可以被教师采用充作教材或被学生采用充作学材。第二，辅材。为素材提供支持的材料，不一定以英文为载体。比如背景知识、教学参考书、他人的教案、他人的笔记等。第三，实材。各类真实语料。这一类资源，虽然与素材密切相关，但其实有着本质的区别，它指的是学习者在课堂之外所接触的所有真实语料。他们在使用这些语料的时候，不仅仅是在学习语言（载体），在接受目的语的输入，而且还学习这些载体所负载的内容（被载物）。这一点，我们可以理解为：形式上是英语学科教学，但内容上是涵盖所有学科的。ESP实践与这类整合的相关度尤其高。

需要指出的是，同一材料会因其使用目的的不同而被划归到不同的类别。比如，某篇作为背景知识使用的文本也可以作为素材来使用，还可以作为语言输入源来使用。原版电影等多媒体材料一般都具有这种特点。

（三）平台性整合的对象

平台性整合的对象是那些能够模拟、扩充、革新传统教学平台的软件或技术。根据教学实践，可以分为以下几类：

第一类是现成的计算机教学平台，比如各个学校电脑机房所安装的各类教学系统。它们与英语学科教学的整合一般都带有官方色彩，具有制度化的特点。某些教学活动如果缺少这样的平台，就无法正常开展了。

第二类是现成的基于互联网的各类人际互动平台，如QQ、MSN、Blog、E-mail、等。开发这类平台的本意并非针对教学，但完全可以被整合进学科教学。这类整合比较具有民间色彩，整合的程度和方式一般都由教师和学生自主决定。

第三类是基于某个或某些教学目的而开发的专门性平台。它可以是官方的，也可以是民间个人的。它要求整合者既要熟悉英语学科教学，又要有软件开发或平台设计的素养，对一般英语教学一线人员来说，这是比较困难的。

第六节 信息技术与英语新课程教学整合的方法

一、新课程背景下信息技术与学科教学的整合

目前新一轮基础教育课程改革在我国已经全面铺开。目前，高中教育在我国已经基本普及，高中教育的功能也随之发生了变化：从只面向少数人的精英主义教育，转变为面向全体学生的大众教育，高中教育的目的和任务不再是只为大学输送合格新生。当高中毕业生可能继续升学，也可能直接走向社会时，高中教育的目的就应当转变为培养学生的"人生规划"能力、职业意识和创业精神。

根据教育部基础教育课程改革纲要，新课改主要有六大"改变"：①课程目标方面，反对过于注重知识传授，强调知识与技能、过程与方法、情感态度与价值观"三维"目标的达成。比如学化学，过去只是明确地告诉你什么加什么会产生怎样的反应，现在我们经常不告诉学生结果，而是让学生自己去做实验，在实验过程中学习、理解和记忆，体验过程，培养能力，形成正确的思维方式和价值观。②课程结构方面，强调不同功能和价值的课程要有一个比较均衡、合理的结构，符合未来社会对人才素质的要求和学生的身心发展规律。表现比较突出的是技术、艺术、体育与健康、综合实践活动类的课程得到强化，同时强调课程的综合性和选择性。③课程内容方面，强调改变"繁、难、偏、旧"的教学内容，让学生更多地学习与生活、科技相联系的"活"的知识。④课

程实施方面,强调变"要学生学"为"学生要学",激发学生的兴趣,让学生主动参与、乐于探究、勤于动手、学会合作。⑤课程评价方面,以前的评价过于强调甄别与选拔,现在强调评价是为了改进教学、促进发展。比如,有的学生基础较差但很用功,只考了58分,没及格,老师可以给他60分甚至65分,以促使他更有信心的学习。⑥课程管理方面,以前基本上是国家课程、教材一统天下,现在强调国家、地方、学校三级管理,充分调动地方和学校的积极性,也增强教育的针对性。

与此相配套的具体教学活动形式方面,将以"自主选课""走班制""通用技术""综合实践活动""学生成长记录和综合素质评价"等作为新课改的主要内容。

在这样的形势下,我们认为,信息技术势必成为新课改的宠儿,甚至可以说它是新课改的有机组成部分。然而,目前相当一部分一线教师仍然把信息技术视为一种"助教",也就是只在工具性整合和资源性整合上下了工夫,在平台性整合方面所做的努力比较少。虽然这种现象与广大英语教师总体掌握信息技术的水平有关,但我们认为更深刻的因素有两种:①广大教育从业人员还没有真正吃透新课程的理念;②目前的学生/教师/教育管理者/学校的评估机制不支持这类整合。前一个因素的消除相对简单,后一个因素就相当复杂了,它涉及教育领域内外的各个层面和利益关系,是一个系统工程。本节所讨论的重点是前一个因素,对后者不拟展开。

二、信息技术与英语新课程的整合

在第一节中我们已经提到，信息技术与课程整合的高级阶段是在课程重构层面上进行的，是要创造出一种全新的信息化课程文化。而新课程的改革和实施恰恰也是在营造一种新的教学文化。这是同一个事物，只是从不同的侧重点来进行表述，但其价值取向是趋同的，都是把学生作为学习过程的主体而非客体。这两者的结合，即信息技术与英语新课程整合，实质上就是一种课程发展（Curriculum Development）性质的整合。

课程发展就是进行课程规划，并把课程设计投入教育活动中实施并进行评价、反馈和修改完善的过程，包括课程规划或设计（Planning Design）、课程实施（Implementation）和课程评价（Evaluation）三个基本阶段。在传统的课程发展的理论和实践中，学习者仅仅是被动地参与课程实施，甚至仅仅被动地参与了课程实施中的某一部分——"教学活动"，很少参与课程评价，并几乎被排斥在课程规划或设计之外。在信息技术与学科教学的整合中，这种情况将被全面改变，学习者要作为课程发展的主体来参与课程发展全过程。这就是信息技术与新课程整合的主要原则，该原则自然也适用英语新课程。

三、信息技术与英语新课程整合的内容

我们认为，基于课程发展的三个阶段，信息技术与新课程进行整合的内容应包括以下四个方面：在课程发展中，首先要考虑的是课程的研

制者。它主要包括有关的行政决策者、课程专家、教育技术专家、学校校长与教师。在这个方面，有效的整合就意味着要提高这些人信息化课程的素养。目前，切实可行的主要方法是各种培训和研究形式。

其次是课程学习者，也就是学生。信息技术与新课程的整合对他们而言就意味着那种"书本—老师—课堂—作业—考试"的学习模式将不再是学习的唯一模式。学习者自身将被赋予前所未有的新角色。根据后喻文化理论，再考虑到目前计算机和网络的普及，在纯技术层面，他们的信息素养可能比某些课程的研制者还要高（目前初中普遍开设了信息技术课）。他们缺乏的主要是有关课程整合意识和新课程理念方面的指导。所以，这里所要考虑的是如何培养他们参与课程整合的行为习惯和能力，组织他们参与信息技术与新课程整合的设计、实施和评价的全过程，使他们在整合实践中开展学习活动。

再次是课程内容。新课程背景下的课程内容包括传统课程内容和活动课程内容。传统课程内容指的是以"课堂—书本"模式为主的教学内容，也就是课堂教学，这部分的整合主要是工具性整合与资源性整合，操作性也比较强。活动课程内容则是需要平台性整合，比如活动课程中，信息技术不仅发挥其工具意义和资源意义，更是具有全新的平台意义。学习者在活动课程中的轨迹和成果，都可以借助信息技术记录下来，并作为反思、Peer Learning、教师监控、形成性评价等材料。E-mail、Blog、个人主页、专题主页、BBS、QQ、MSN、学习群、主题群等，都可以作为此类平台。

最后是评价方式。评价方式可分两个方面来进行整合，并且涵盖了工具、资源和平台三类整合。一方面是评价软件的应用，如用Excel来便捷地计算标准分以达到公正、合理地评价平行班的目的。另一方面是活动课程的成果被记录、被反思、被评论，这些反思和评论不仅可以作为进一步的学习资源，更是可以作为历史记录，从而给教师和同学提供一个全新的评价平台。

第四章　教育信息化背景下英语教学的理论研究

第一节　英语教学与教育信息化

中国的基础英语教育要走出"高原",需要大家共同努力。今天,笔者将从教师的维度谈谈如何跟随社会的发展来变革英语教学。

一、英语教学的发展趋势和特点

开放性是英语学科的一个重要特点。新词汇、新的语言现象的不断出现是英语发展的趋势。无论是新单词还是我们在教学过程中接触到的各种各样的信息,都体现了不同的世界观、人生观和文化意识形态。

英语教学是我国教育的重要组成部分,引领着教学模式的变化。21世纪,英语教学不再局限于书本,而是有更多的信息和资源可以利用。

刘延东曾说:"教育信息化是教育理念和教学模式的一场深刻革命。"英语课程标准中也提出:"教师要充分利用现代信息技术,开发英语教学资源,拓宽学生的学习渠道,改进学生的学习方式,增强教学效果。"

在经济全球化的进程中,信息技术的发展深刻地改变着世界。教育的目的是让下一代人更好地认识世界,更好地成长以及更有效地参与国际竞争。在这样的背景下,英语学习的本质是思维、情感和品格的培养。

随着信息时代的发展,英语教育的理念、方式、手段等都发生了相应的变化。信息技术在英语教学中的优势有哪些?怎样利用现代信息技术提升英语教学效率……这些都是21世纪英语教学必须解决的问题。

二、教育信息化和教师的发展

教师的高度决定了学生的语言高度、思维高度、认知高度以及情感、态度和价值观,因此作为英语教师,要保持开放、年轻的心态。无论高考、课标、教材发生了什么变化,教师都必须认识到一点:这是一个信息无处不在的时代。

回顾以往的英语教育,教师侧重于语言的讲授,学生则追求高考中的成功,两者都不能真正与世界进行有效的互动,而教育活动的专业性使得教师的地位尤为重要。

随着多媒体信息技术的发展,英语教学必须适应社会发展的需求,体现运用英语的终极教学目标。这就要求教师不仅具有获取信息和处理信息的能力,而且具有利用信息技术培养学生运用英语的能力。

信息技术学习资源库为教与学提供了一个重要平台。然而,教师由于长期受实践建构的认知系统、操作规范和行为习惯的影响，在新技术加入时，产生了一定的不适应感。这就需要教师转变理念，紧跟信息化时代发展的步伐，使信息技术在英语课堂教学中得到充分运用。

教师能否合理利用信息技术资源关系到学生意识形态的发展和价值观的树立。优秀的英语教师不仅能够给学生留下深刻的印象，而且能够影响学生做人做事的方式以及思维能力的发展。一些优秀的智能化在线教学平台为师生提供了必要的英语教学资源，那么怎么运用这些资源呢？笔者认为，教师不能简单地跟着走，照着做，而是要有意识地选择适合课程教学的资源，重点训练学生的语用和思维。

教育信息化是英语教学必须走的一条路。教师还应该思考："我在运用信息技术调取信息资源时，是否做得科学、合理？是否能够提高学生的认知水平？"

例如，在英语教学中运用思维导图是促进学生认知发展的一个重要途径。教师可以通过逻辑关系图，了解学生对知识的掌握情况。教师如果将信息技术引入思维导图，呈现给学生的思维导图就会超越文字的意义，有助于学生更好地获取信息，使教学流程更符合学生的认知发展规律。

但是，需要注意的是，英语教学不是受制于信息技术的，而是要求教师主动地运用它来完成教学。在信息技术用与被用的问题上，教师必须明确以下两个问题：第一，信息技术在英语教学中的作用，预防技术至上、技术控制教学流程和教学模式的现象出现；第二，如何在信息化教育中体现以人为本的教育理念？

三、信息技术与英语教学的融合

现在，我们来回顾中学阶段对学生能力发展的要求：

初中阶段，学生的英语学习能力包括以下四个方面：第一，学习能力与思维能力；第二，获取、处理和整合信息的能力；第三，文化意识和跨文化交际的能力（在真实语境下运用英语）；第四，以英语为手段进行跨学科、多学科的知识学习的能力。

高中阶段，语言运用能力的内化和提升是重点，具体包括以下四个方面：第一，大量的扩展阅读丰富视野，培养获取信息的能力；第二，更多地接触真实语境下的真实语用，培养理解、沟通、表达的能力；第三，进一步培养逻辑思维能力和英语与汉语的转换能力；第四，培养高层次语言运用的基本能力。

要达到这些发展要求，信息技术与英语教学相结合是一条必经之路。

信息技术在英语教学中的运用具有十分重要的意义。首先，信息技术有利于为英语学习者创设真实、丰富的语言环境，使课堂教学的虚拟学习和真实语言运用有机融合；其次，借鉴专业人士的教学实践，能够避免教学的盲目低效，提高语言学习的效率；再次，信息技术可以增加语言输入量、增强教学深度；最后，信息技术融入英语教学使语言更加丰富。

"21世纪的教育要利用21世纪的技术培养21世纪的人才"是笔者一直坚持的理念。信息技术时代的英语教学应该包括以下三个方面的内容：第一，随时可学、处处能学、人人皆学；第二，数字资源和信息技术可以培养英语学习者的自主学习能力和探究意识；第三，使个性化、自主化、过程化学习成为现实。

信息技术学习平台是信息技术与英语教学融合的重要载体。翼课网在 technology、people、processes 三个维度上都做了很好的处理。信息技术给教育和教师提供的不只是 technology 的支持，还有 people 和 processes 两个重要部分。教师需要从固化的认知和教学流程中跳出来，使英语教学成为真正的 learning process，而不是简单的 teaching procedure。

关于教育与信息技术的融合，我认为可以分为三阶段实施：第一，以信息技术为助手；第二，以信息技术为伴；第三，信息技术和内容、语言形成完整的学习生态圈。在这三个阶段中，教学的有效性和信息技术的有效运用是互相支持的，脱离了现代信息技术的英语教学是十分危险的。英语教学不仅要完成一堂课的几个教学目标，而且要在"大教育"理念的指导下，利用教育资源，使教育更好的发展。

第二节 教育信息化与大学英语教学模式

教育信息化背景下，传统教学模式受到冲击，大学英语教学需要构建新的教学模式。本节结合具体教学实践，探讨翻转课堂与对分课堂这两种教学新模式在大学英语教学中的应用。

现代信息技术发展迅猛，对社会生活的各个方面都在产生了影响，在教育领域也不例外，尤其是大学教育。信息技术、计算机及移动通信工具的使用已逐渐渗透到日常教学的各个环节中,正引发一场对传统教学范式的大颠覆。本节试结合具体教学实践,对教育信息化背景下我国大学英语教学模式进行分析、探讨。

一、现代信息技术对大学英语教学模式的影响

我国自古对教师的定位为:"师者,传道授业解惑也"。在传统教学范式下,教师在课堂上传授课业知识,讲解重点、难点,为学生答疑解惑。教师所扮演的角色是讲授者、知识传递者,学生主要做的是聆听及记好课堂笔记,在教师的教学安排下,学生在课堂上能够与教师实现一定量的互动。而在现代信息技术改变人们日常交流方式,使远距离沟通便捷化的今天,知识、信息的传递已突破了很多存在于过去的界限,学生获取英语知识的手段、方法多样化,使得大学英语教师不再是知识的唯一来源,传统的大学英语授课模式已不能很好地满足学生对大学英语学习的需要。

在这样的背景下,各种教学新范式应运而生,其中最为有影响力的当属源自美国的舶来品——翻转课堂和我国自创的对分课堂。翻转课堂与对分课堂均是对传统教学模式的颠覆与重建,在这两种新型教学模式下,大学英语课堂的组织、建构彻底改变:课堂不再是以教师为中心的"一言堂";课堂上进行的分组讨论、互助学习,使学生的主体地位更加凸显。教师从过去的知识传递者,转变为课堂活动的组织者、学生吸收知识的协助者,这对教师的组织、沟通、协调、临场应变等多种能力提出了挑战。翻转课堂与对分课堂都强调对所学知识的讨论与吸收,而两

者的不同之处主要体现在一些环节的顺序安排上。在翻转课堂模式下，学生在课前预先通过观看教学视频自主学习新的课程，然后学生带着学习过程中的疑问到课堂上参与讨论、交流，因此翻转课堂是"先学后教"。而对分课堂强调先教后学，教师讲授在先，学生学习在后，结合了传统课堂与讨论式课堂各自的优势。不论是翻转课堂，还是对分课堂，都为目前的大学英语教学提供了新思路，在课堂上，教师不再只顾抓紧时间讲解课文、语法和生词，而是把课堂时间解放出来，更多地用来与学生互动，帮助学生更好地内化、吸收语言知识，提高学生实际运用语言的能力。

二、教育信息化背景下的大学英语教学实践

两种创新教学模式在大学英语教学实践中，如何具体开展？不论是按照翻转课堂还是对分课堂的教学模式，教师应首先归纳、提炼出一篇课文的学习重点，可以按"从词汇→句子（结合语法）→段落篇章"的顺序进行。以外语教学与研究出版社出版的《新视野读写教程》（第二版）（1）第一单元 Text A 为例，在词汇层面，教师可以结合单词表及教材中编写的词汇练习（Ex.III），列出本课需重点学习、掌握的单词、短语，如：reward/rewarding、communicate、access/have access to 等，数量可控制在 15～20 个左右。在列出的单词、短语中，再挑选重点，配以例句、派生词扩展、同/反义词补充等。孤立的词汇学习是绝对不够的，接下来，教师引导学生关注句子层面的表达，即引导学生注意有关生词、短语在课文具体语境中的使用。教师可以挑选句子结构略复杂、有代表性的课

文句子（数量可控制在 5～10 句内），配以适当、必要的讲解、分析。最后，从点到面，在完成词汇、句子（结合语法）的学习、讲解后，教师可以将关注的重点放到文章段落的组织乃至整篇文章的框架、结构上，分析、学习写作方法。以上三方面的内容，教师都需要制作成 ppt 课件，如果采用翻转课堂的教学模式，则教师将 ppt 课件播放及讲解的过程都录制成视频，供学生在课前观看，并在视频中就所学内容提出一些问题，供课堂上交流、讨论；如果采用对分课堂的教学模式，则不需要录制视频，而是要合理划分讲解内容、设计授课重点，预留出供学生课后自行完成的部分，以便下次课让学生进行发言、交流。在课堂讨论、交流阶段，教师可以引导学生按本课的重点、难点、思想内容等几个方面来进行，如：就需要重点掌握的词汇由学生进一步补充有关知识；就难点部分分组讨论，最后由一名学生代表本小组发言，与全班其他小组进行交流；结合文章的内容，教师可以设计一些相关语言任务，由学生完成，从而给学生实际运用语言的机会。整堂课的最后，应由教师进行总结、点评，指出完成得较好和欠佳的部分，以利于下一次的教学组织。

教育信息化既给大学英语教学带来了机遇，也带来了挑战。借助信息技术，可以创新教学模式，突破优质教育资源垄断，有利于教育公平；但也对教师的信息技术应用水平提出了挑战，教师需要学习新技术、新知识，才能不断提升教学水平，满足新时期背景下的教学要求。

第三节　教育信息化与大学英语翻转课堂教学

翻转课堂作为一种新的教学模式，在信息化的支撑作用下凸显出了诸多的优势，对于当代大学英语教学质量的提升具有至关重要的作用。然而从当前大学英语教学实践来看，翻转课堂的融合度依然不高，应用方式不到位导致翻转课堂教学模式的有效性在一定程度上被弱化。本节将以此为出发点，浅谈教育信息化背景下大学英语"翻转课堂"教学模式的有效性。

目前，随着中国经济的稳步发展，迎合世界一体化、经济一体化的发展趋势，我国正逐步与世界各国构架起科学、稳定、高效的贸易交流渠道与文化沟通体系。因此，现代社会发展对英语专业人才的需求与日俱增，保证新时期人才的英语基础能力已然是现代高等教育的重中之重。然而，反观现代高等教育体系中的英语教育现状不难发现，现代高等院校虽然以培养复合型人才为主要发展方向，但在提升大学生英语能力的思维上，却仍未摆脱传统教育的教学思想，不仅教学模式落后，更难以迎合新课改的要求，体现出学生的主体地位。翻转课堂是基于教育信息化所生成的新的教学理念，应用到实践当中则是通过网络视频整合课堂教学和网络教学，构建出的新的教学模式，当前已经广泛受到国内外专家与学者的推崇。从我国大学英语教学现状来看，基于教育信息化的翻转课堂教学模式依然存在诸多弊端，要想让翻转课堂能够更好地适应教学,则有必要对此教学模式的有效性进行理性分析。

一、教育信息化背景下大学英语"翻转课堂"教学模式的意义

所谓翻转课堂,其由美国人萨尔曼提出,是由"Flipped Classroom"直译而来。在翻转课堂的教学体系中,课堂不再是受教育者获取知识的唯一途径,其将学习主动权全权交还给学生,敦促学生利用现代数字设备查看课堂教学内容,并在课堂上参与课程讨论,实现师生互动,凸显学生的学习主动性。可以说,利用翻转课堂,学生将获得前所未有的学习体验,真正融入英语课堂当中,激发自身的学习兴趣从而提高学习质量。对此,大学英语教学中应用翻转课堂的现实意义可归纳为以下几点:

首先,利用翻转课堂将激发大学生学习英语的兴趣。在翻转课堂教学体系中,大学生将更多利用多媒体、数字技术等先进设备来构筑现代化交流平台,借此提高大学生在英语课堂上的主动性,使其愿意参与到英语教学中,并在学习互动中掌握更多的英语知识,最终提升英语综合能力。

其次,利用翻转课堂来活化大学英语教学的课堂氛围。相较于传统的英语教学,翻转课堂下的英语教学将在信息化教学模式的衬托作用下呈现出更加亲和、更加趣味且更具探讨性的特点。利用数字技术展示英语知识点,确保学生于课堂前自主先学、课堂上自主展示、课堂后自主总结,将真正还英语课堂于学生,通过对学生主体地位的还原保证其学习的积极性与主动性的提升。

最后，利用翻转课堂可拓展大学英语学生的学习视野。翻转课堂的重要特色之一便是借助数字技术及互联网技术来打造学生自主先学氛围，令学生利用数字软件来率先学习课堂上的知识。因此，有效开展翻转课堂，将确保学生利用数字技术来掌握更为精准、实用且科学的国外社会用语与文化俚语，令其在英语学习过程中能更贴近生活，更准确领悟英语知识，并掌握更具实用性的英语技巧，从而提高大学英语的教学质量。

二、教育信息化背景下大学英语"翻转课堂"教学模式的应用

（一）明确大学英语"翻转课堂"教学模式的应用目标

当前，翻转课堂作为全新的课堂教学模式，其是教育理念革新的核心体现。因此，在翻转课堂基础上进行英语教学，培养学生的英语能力时应注重贯彻学生自主化发展理念。对此，笔者认为，教师在教学过程中要树立新的教学理念，强化角色转换的观念意识，明确教学目标和正确运用教学方式，使英语教学在翻转课堂之上获得最好的教学效果。所以，教师在加强现代数字技术科学应用意识的同时，应注重翻转课堂下英语教学目标的有效制定，确保该目标可培养学生的自主学习意识，保证学生主动参与到自主学习之中。由此可见，翻转课堂下英语教学的科学化开展，拟定教学目标十分必要。因此，根据笔者多年的教学经验与实际的教学总结，为增强英语教学效果，英语教学的基本目标应侧重于以下两点：其一，敦促学生敢说、愿说、善说英语。对此，只有保证学

生敢说、愿说与善说，才能保证大学英语教学的质量。其二，促进学生英语交际能力的提升，英语俚语、俗语通晓，保证学生可真正理解被翻译双方的话内含义，从而精准、快速、准确地进行英语翻译。综合而论，保证学生英语能力的提升，确保其精准认知英语的语言文化，是翻转课堂下英语教学的基础目标。

（二）完善大学英语"翻转课堂"教学模式的应用内容

翻转课堂下英语教学目标向实际操作化转移，其注定现代翻转课堂英语教学内容的发展向实践化转变。对此，巧妙应用翻转课堂，优化英语教学内容，应注重学生在英语课堂教学中的"主角"地位，促进学生学习与生活息息相关的英语知识，以便其在未来的社会交流中能更准确地将英语学以致用。对此，在翻转课堂教学设计上应注重培养学生的自主性，将课堂时间真正地交还给学生本人。例如，在英语教学的固定时间内，建立英语教学的翻转课堂体系，注重合理化分配课堂时间，确保学生在课堂教学中可获得充分的自主。英语翻转课堂的教学模块应包含以下几项：首先，课前热身。利用导学模式吸引学生的注意，保证学生的注意力快速进入课堂。对此，以幽默风趣的开场白及一些简单的小笑话、小典故为始，既能丰富学生的阅历，亦能引发学生的注意。其次，利用大约十分钟的时间来整理学生自主先学的疑问，鼓励学生踊跃提出自学后还存在的疑问，并将其罗列在黑板之上。再次，总结完学生的现存问题后，教育者针对每一条问题询问是否有人可以解答，以打造学生展示思维的舞台，促进学生彼此间解答对方尚存的疑惑。最后，当所有问题解答大半，学生的自我展示基本完成之后，教师再根据现存问题进行补充与再丰盈，进一步扩充学生的英语知识，并对学生的自主学习做出一定的评价与指导。总之，有针对性地开展翻转课堂教学，充分利用以育导教的方法，可以提高学生学习的主动性，保证学生在学习过程中积极领悟英语知识，逐步提高英语的综合能力。

（三）创新大学英语"翻转课堂"教学模式的应用实践

当前，翻转课堂教学理念与实践提出，利用现代技术的信息化手段来辅助英语教学是十分必要的。对此，构筑大学英语教学翻转课堂模式要从实践角度出发，利用信息化技术打造合乎英语语境的现代英语教学新环境。一方面，建设理论课堂的集体讨论环境。在翻转课堂的实践教学中，理论知识的学习需要充分的课堂讨论，这是为了抵消理论知识学习时产生的枯燥情绪，增加学生学习理论知识的兴趣。因此，大学英语教师在课堂讨论氛围的建设中应充分注重学生的自主性，鼓励学生自主讨论理论知识，并适时融入信息化手段，协助学生了解与认知理论知识。此外，利用数字平台技术，课程讨论也将不再局限于课上的当面交流，可以以群组、论坛等地为讨论场所，开展小组讨论、小组研习及班级互动、师生互动，将更好地确保翻转课堂的生活化延伸。另一方面，创设英语环境。众所周知，语言作为信息交互与思想交流的工具，只有身临其境的应用才能确保明白语言词汇的意蕴与含义，并将其通过常用语科学、精准地加以表达。因此，在翻转课堂中创设良好的英语环境对英语教学意义重大。对此，借助信息化设备与互联网络，应用 MOOC 平台及国外网站、视频网站，选取国外影片、街头采访、国际课程等来作为大学英语教学的课堂引导，并聘用外籍教师，应用双语教学来创新课堂，充分调动学生的积极性与学习兴趣，潜移默化地将英语理论转化为英语能力。此外，还可以鼓励学生观看原版英文影视，并在课堂上随机翻译英语对话中的某部分，给学生创造良好的听、说语言环境，有利于进一步提高大学英语教学质量。

综上所述，教育信息化背景下大学英语"翻转课堂"教学模式的构建已经成为大势所趋，随着我国教育事业的发展与大学英语教学改革的推进，翻转课堂应用的效果已越发明显，关于其有效性，时至今日，已在教育界赢得了一致的认同。因此，需要更多的教育者进一步通过实践的深化推动翻转课堂在大学英语教学中的应用。

第四节　教育信息化与大学英语教学改革

英语语言素质是人才培养国际化的必然要求。随着互联网+时代的到来，信息技术正颠覆着传统的教育形态和教学模式，并且推动着信息技术与大学英语课程教学的深度融合。如何把握教育信息化趋势下的大学英语教学改革，是亟待思考的问题。笔者基于大学英语教学模式发展及现状分析，积极探索信息化趋势下的大学英语分层次教学改革模式，解决了传统教学模式中存在的深层次矛盾，有效提高了大学英语教学质量。

经过近十余年来的发展，教育信息化已在国内高等教育界掀起了教育变革的浪潮，并必将使教育教学理念、教学方式方法、教学资源配置、教学管理体制等方面发生剧烈的变革，推动高等教育的重塑。席卷全球的"慕课"、国家精品开放课程、"微课"等，都是对传统高等教育的冲击和挑战；基于网络平台的优质学术资源的传播和共享十分便捷，促进了教育公平及教育均衡发展，降低了教育时代的"马太效应"。

那么，如何把握教育信息化趋势下的大学英语教学改革，是我们亟待思考的问题。

一、信息化趋势下的大学英语教学改革

随着信息化在全球范围内迅速扩展，以及信息技术在教育领域的广泛应用，教育信息化已经成为教育发展过程中的一场深刻变革。

从教育教学过程来看，教育信息化在高等教育方面主要推动了以下几个方面的变革：

一是信息技术的支撑。信息技术在教学过程中的融入，让教学的方式、方法发生了深刻的变革，如多媒体教学、网络教学、数字化教学等多样化的教学方式的出现，使信息化成为高等教育育人的基本条件。

二是教育理念的创新。信息化推动了教学模式和方式的改革，对整体的教育教学过程产生了深刻的影响，比如课程组织、管理方式、评价体制、激励机制等方面都需要重新架构。

三是实现教育的个性化。信息技术在教育领域的介入和信息化教学平台的应用，使传统的难以实现的教学管理组织和要求成为现实。面对知识水平参差不齐的学习对象，大学可以通过信息化手段实现学生学习

层次的分类，进而开展个性化、模块化教学。

高等教育教学信息化是教育信息化工作的核心，是关系到高等学校教育教学改革的关键环节，促进高校信息技术与教育教学的深度融合已成为现阶段教学改革的主要趋势。

这一趋势下的主要工作是围绕应用信息技术手段创新人才培养模式和课程教学模式，研究建立信息化教学中针对学生的学习评价机制和针对教师的教学评价与激励机制，以及推动高校基于信息技术的"跨校选课、学分互认"、课程共享机制建设和优质课程资源共享等。从外部环境来看，经济社会发展对大学的人才培养需求和学生的个性化学习要求，使高等院校必须在新常态下着力把握教育信息化趋势下的大学英语教学改革，顺势而动，大胆探索，从基于信息化环境的校内公共课程内容建设、教学模式建设、评价机制建设等方面入手，结合教学实际打造适合自身的信息化教学新模式。

在教育信息化的推动下，大学英语教学改革也努力进行了创新与尝试，基本的教学模式主要经历了计算机辅助大学英语教学、网络架构的大学英语自主学习平台、信息技术与大学英语课程深度融合三个发展阶段。

（1）计算机辅助大学英语教学模式。现代信息技术的发展为大学英语的教学改革提供了良好的契机。如今几乎所有的高校都基本实现了计算机辅助教学，计算机辅助教学强调计算机是教学的"辅助工具"，虽然能将课堂内容通过多样化的手段展示出来，但学生仍被认为是知识的灌输对象，是被动的接受者，教学内容也往往不离教材。这种教学模式将多媒体教学引入英语课堂，改变了过去教师加黑板的传统、单一的课堂教学模式。从本质上讲，该教学模式在大学英语教学方面未能发挥显著的作用，也和以往的教学模式大同小异，并且单一的"填鸭式"教学模式已经完全不能满足现代教育及社会的需求。

（2）网络架构的大学英语自主学习平台。近年来，许多学者强调将建构主义理论运用于高等教育，建构主义理论认为知识不是通过教师或外界传授而得到的，而是在一定的情境下，借助其他人（教师或学习伙伴）的帮助，利用学习资料，由学习者自己完成对知识的构建。它认为教师和学习者同等重要，同时肯定教师的主导作用和学习者的主体地位。

基于建构主义理论，网络架构的自主学习平台逐渐成熟并走进高校。此类平台要有一定的硬件作为基础，由资源库、学习平台、学习工具、考试测评、讨论区等模块组成。这种学习模式似乎颠覆了传统的教学模式，突出了学生的主体地位，学生由被动的"接受者"变成了学习旅程的"驾驭者"。

但同时也不能忽视教师在学生自主学习过程中的引导和监督作用。首先，平台要有一定的课程设置，学生必须在完成基础学习并通过测评后才能进入更高一阶的学习；其次，平台要有一定的自动监控设置，如学习满45分钟才能开始测试，5分钟没有学习状态，计时会停止，等等，防止学生刷课。另外，学生可组成不受地理位置限制的小组共同讨论并完成学习任务。最重要的是，教师可进入教师平台，掌握学生的学习情况，并根据每个学生的不同情况，下达下一部分的学习任务，处理学生在学习过程中出现的问题，并可公开辅导、解答共性问题。同时，还可统计、评估整个年级学生的学习数据，作为进一步深入学习的依据。

这种自主学习模式通过构建特定的学习环境，让学生根据自己的特点和学习兴趣主动选择学习时间、学习方法，组织学习过程，提高英语听说及运用能力，这种自主学习方式是以"快乐学习、终身学习"为最终目标的。

（3）信息技术与大学英语课程教学深度融合。在日新月异的社会变迁中，大学英语教学也不断在改革中完善并步入了信息技术与课程深度融合的阶段。基于互联网和校园网的多媒体教学模式强调个性化教学与自主学习，学生可根据教师的指导及自己的特点、水平、时间、学习方法等，通过自主学习室的学习软件和校园网大学英语教学平台中的"英语资源库系统"和"教学/学习管理系统"，实现非定时、多地点的学习，即学生可以选择适合自己水平的学习内容、选择适合自己的学习时间，并根据自己的学习方法，在校内自主学习室、电子阅览室、图书馆或寝室随时随地地进行学习，并能及时了解自己的学习进步情况，得到相关信息反馈，调整学习策略，达到最佳学习效果。在教学应用方面，部分课程真正利用网络教学辅助平台，构建了网上学习、课堂讨论、社会实践三位一体的信息技术与教学深度融合模式。

英语语言素质是人才培养国际化的必然要求。近年来，国内大学按照教育部颁布的《大学英语课程教学要求》开展了不同程度的改革，亦初步取得了一些改革成效。但是随着高等教育办学的日益开放、人才素质要求的提升以及互联网+对传统教育形态的颠覆，大学英语已有的教学模式尚存在一些深层次的矛盾，如分级分类教学的改革深度不够、四级后教学模式的钝化、个性化教学的缺乏等。

从国内大多数高等院校大学英语改革现状来看,分级分类教学在传统教学模式中占主导地位。然而分级分类的缺陷是改革的深度还不够,这种教学组织方式只是按高考分数高低和专业差别进行粗略划分和开展教学。如西北大学作为一所地方综合性大学,学科门类齐全,生源遍布全国各地。为了改革试点成果具有代表性、客观性、有效性及可行性,便于将来在全校全面推广实施,经过论证后的实施方案是在不同层次(普通本科、基地班)、不同学科(文、理、工)四个院系(法学院、信息学院、化学材料与科学学院和地质系)进行改革试点,学生共约300人,从2004级大学一年级开始试点。从实验结果来看,传统教学模式下的分级分类教学依然不能调动教师教学与学生学习两方面的主动性,而且不同专业的差别较大。

四级后教学问题也是当前大学英语教学改革的瓶颈,是现有教学模式所解决不了的问题。大学英语第四学期("四级"后)教学存在的问题是:通过四级考试的学生学习动力不足,学生到课情况较差,由于未能建立相应的考核机制,教师对学生缺乏约束力。这个问题影响了正常的教学秩序,同时也是长期困扰大学英语任课教师的问题,在一定程度上挫伤了教师的教学热情和积极性。同时,面临大学生出国留学、学习深造、创新创业等方面的迫切需求,现阶段的大学英语教学没有从根本上实现个性化教学,课堂教学依然是以大班教学为主、以教师为中心,并没有实现学生学习的个性化定制。

基于现有教学模式和教学过程中的这些深层次问题,需要考虑如何把握信息化趋势和互联网+的改革态势，做好面向大学生的大学英语教学改革，即如何设计灵活的学习机制，满足学生的个性化学习需求。

二、基于信息化的分层次教学模式改革

（一）大学英语分层次教学模式构建

大学英语分层次教学在国内高等教育领域已有一定的理论与实践基础，如今已成为大学英语教学改革的主要趋势。分层次教学是被很多大学实践的新大学英语教学模式，只是各个高校的分层模型不尽相同。最初采用的是按照学生入学成绩分层，并且大多采用流动层级的教学模式：入学成绩高的采用高阶教学，其余则次之，同时根据本阶段的考核结果决定下一学习阶段的学习层次。这样的分层教学模式给学生造成了一定的负面心理影响，尤其是被分到"条件较差"班级的学生会产生一定的抵触情绪，不利于教学的进行和人才的培养。

近年来，随着高等教育的快速发展和大学英语分层次教学模式改革的日益深入，单纯以高考入学成绩分层的教学模式已经不能满足社会需求和学生自主学习要求，大学英语教学逐步考虑从多方面、多角度因素对大学英语进行分层，主要有以下几个方面：第一，不同学科、专业对英语的要求程度不同；第二，不同专业学生将来就业后所从事的行业对英语的需求不同；第三，学生基于自身兴趣对英语的爱好程度不同。现有研究与实践证明，考虑以上诸多因素的英语分层次教学能有效减少英语教学的盲目性，提高教学效率，节约教学资源，调动师生的积极性，对培养国际化的高素质创新人才具有与时俱进的重要作用。

根据教育部《大学英语课程教学要求》，大学阶段的英语教学分为一般要求、较高要求和更高要求三个层次。分层次教学就是根据学生的英语基础、学习能力、兴趣特点、专业方向以及将来有可能从事的行业要求等因素，设计不同的教学目标、制定教学计划，有针对性地对不同层次学生进行相应的学习指导，使每个学生在英语学习方面都能达到最佳效果。在我国古代，这就是所谓的"因材施教"，而今则是在"因材施教"的基础上，同时关注社会对人才的个性化需求。

（二）信息化与分层次教学改革实践

在教育信息技术推动的变革浪潮下，结合我国大学英语重要转型的契机，应试教育应向多样化应用型教育转化，基础英语教学应向专门用途英语（ESP）转移，为更好地拓展专业知识做好准备。大学英语分层次教学模式改革具备了深度蜕变的改革要素。针对学生的个性化培养和个性化需求，如何建立信息化平台的大学英语分层模型标准变得尤为重要。西北大学结合已有的教学改革经验，围绕"模型构建—平台搭建—兴趣驱动"的改革理念，逐步推进大学英语分层次教学模式改革。

为适应社会经济发展对人才培养工作的要求，逐步建立与研究型大学相适应的本科人才培养体系，培养具有国际视野的高素质创新人才，西北大学出台了《西北大学关于修订本科人才培养方案和指导性教学计划的意见》，提出了大学英语分层次改革方案，着眼于在新时期内有所创新和突破，使大学英语课程具有更大的灵活性、选择性和开放性。大学英语教学在注重打好学生语言基础、培养学生英语综合应用能力的基础上，提高学生的综合素质，培养具有国际视野的高素质创新型本科人才。

现阶段，西北大学新的本科人才培养方案已于2014年全面施行。大学英语教学主要在通修课程的基础上，强化应用性课程，同时结合网络自主学习，将课程分为通修课程、高阶课程、特色课程三种类型，推动大学英语教学和学生学习的个性化发展。学校将大学英语分为四个层次，其中层次一、二为全校必修课，层次三、四是各专业根据需要任选模块，分为高阶课程和应用课程，包括报刊选读、影视欣赏、演讲与辩论、英美政治文化、TOFEL、IELTS等，可在全校范围内选修。

为更好地支撑大学英语分层次教学改革，西北大学注重资源共享，着力搭建"教学资源平台"。通过有效整合各类电子图书资源、名师教学视频、教师备课资源等，搭建了包括视频课程、电子书、学术视频、文档资料等内容的教学资源共享平台。一方面，依托平台有力支持课程的网站建设、在线课程教学、过程分析统计、研究性教学、碎片化学习等，推进了课程信息化教学改革。另一方面，通过技术开发，实现了平台与校园网门户、教务管理系统的无缝对接，为师生即时登录开展自主学习提供了便利。同时，西北大学正在加快筹建人文社科MOOC中心，通过坚持"全面统筹、集中建设、订单开发"的原则，建成符合学校人文社科类课程教学需求和满足学生多元化学习的课程资源平台，满足课程资源共享和多样化人才培养的要求。下一步将加大投入力度，引导与推动不同层次课程与教学团队加快MOOC课程开发与建设，用于课程教学实践。这些课程将遵循"以生为主、以师为导"的新型教学理念，要求教师变"教学"为"导学"，引导学生变"听学"为"研学"，加快"以教为中心向以学为中心""以知识传授为主向以能力培养为主""以课堂学习为主向多种学习方式"的转变，着力培养学生的学习主动性、能动性、独立性，提高学生的创新素质与创造潜能。结合传统大学英语课堂教学的优势，促进师生之间的学习互动，实现教育教学过程线上线下的有机互补。

在全球化趋势下，各国都十分重视信息技术在高等教育领域的应用。教育信息化的发展，已在教育理念、教学方式等方面产生了深刻影响，实现并重构着高等教育的开放式发展。大学英语教学改革经过了二十一世纪以来的不断创新，已经为各学科专业人才素质的整体提升和实际应用做出了巨大的努力，并且朝着更加科学化、系统化的方向发展。但从高等教育国际化需求和互联网发展趋势来看，我国的大学英语教学改革和教育信息化发展程度仍有较大的融合空间，还有一些关键环节亟待解决。例如，优质师资的有限性和高校其他办学条件滞后于培养规模的扩张；基于网络的大学英语学习平台需要一定的软硬件环境，如何合理配置计算机、学生、教师、实验人员等，使有限的资源得到充分利用，需要在实践中不断调整创新。

同时，师生的计算机技术培训也必不可少。现如今，网络覆盖面日益扩大，尤其是智能手机终端的海量增加，已经基本实现了"泛在学习环境"，把握新形势下的大学英语教学改革，刻不容缓。

第五节 教育信息化与大学英语有效教学

推进现代信息技术与英语课程的融合，促使大学英语教学内容、教学方法和手段、学习方式发生变化，实现有效教学。教育信息化背景下的大学英语教学从课堂管理、活动创新、教育技术等方面入手，真正实现了英语课堂中的有效教学。

《教育信息化十年发展规划（2011—2020 年）》中提出"高等教育信息化是促进高等教育改革创新和提高质量的有效途径，是教育信息化发展的创新前沿"。王守仁教授在解读《大学英语教学指南》时也强调要"推进现代信息技术与外语课程的融合，促使大学英语教学内容、教学方法和手段、学习方式发生变化，实现有效教学"。计算机网络技术为大学英语教学带来先进教学理念和手段的同时，也改变了传统教学模式中的教学媒介、教学资源、教学方法和课程体系。在摸索和过渡期，学生、教师和教学环境都出现了与教学改革模式不协调的现象，这在一定程度上造成了大学英语教学系统的失衡。因此，探讨教育信息化背景下的大学英语有效教学具有重要的时代意义和现实意义。

一、研究背景

根据中国互联网络信息中心（CNNIC）发布的第 37 次《中国互联网络发展状况统计报告（2016 年 1 月）》显示，截至 2015 年 12 月，中国网民规模达到 6.88 亿，手机网民规模达到 6.20 亿。互联网的不断普及和移动技术的快速发展对学习方法、学习模式、学习频率、学习场地等方面以及移动学习和微型学习带来了很大的改变，也给外语教学和课堂管理带来空前的影响。信息化的大时代背景为教育提供了新的策略、实践、工具和资源，同时也对教育的方式和效率提出了新的要求。

《大学英语教学指南》中提出"现代信息技术应用于大学英语教学，不仅使教学手段实现了现代化、多样化和便捷化，也促使教学理念、教学内容、教学方式发生改变"。信息化时代为外语教学提供了全新的学习方式和前所未有的丰富资源。同时信息时代背景的变化、学生群体特征的变化和教师身份及需求的变化共同为大学英语教学改革新阶段提出了全新的课题。教育信息化背景下的大学英语课堂如何实现有效教学，是大学英语改革目前面临的一个亟需解决的课题。

二、有效教学的内涵及其研究背景

自 20 世纪 60 年代末以来，有效教学研究一直是国外教育学界的热点问题。众多学者从多个角度对大学英语有效教学进行了研究，如大学英语有效课堂环境构建及评价的理论框架，大学英语"有效教学"研究综述，课堂教学目标设定与教学活动设计，课堂研究价值定位推动实践变革，探究我国高校外语教师互动发展的新模式，等等。这些研究成果从理论基础与研究方法等层面为深入探究大学英语有效课堂环境构建的内涵与评价实施提供了重要的理论和实践参照。

大学英语作为一门研究语言的科目，强调运用性、实用性等特性，在现代教育信息化的背景下，更需要充分结合教育学、心理学、语言学等理论，充分考虑外语学科的特殊性，采取多种信息化措施提高大学英语的教学效率。有效教学是一个动态发展的概念，其内涵随着教学价值观、教学理论及教学研究范式变化而不断扩展，广义上指的是以学生及学习进步为关注点的教学研究。在教学实践中，有效教学对于教师的要求是具有恰当的教学技能，实施的教学活动与具体的教学情境配合、协调。

因此，教育信息化背景下的大学英语如何实现有效教学，需要综合考虑学生群体的心理特征、信息时代教育环境、教师与时俱进的变化等诸多因素。

三、教育信息化背景下的大学英语课堂设计

该研究以北京某高校的信管学院、理学院、机电工程学院的学生为主要研究目标，探索在信息化时代如何将各种计算机技术、网络技术、移动技术与新兴的教育理念相融合，从而达到大学英语有效教学的目的。

该研究共有 102 名受访者，全部来自理学 E1A 班、信管 E1A 班、机电 E1A 班。通过分析信息化时代大学英语学习中师生常用 APP、网络平台资源，总结出将计算机技术、网络技术、移动技术与新兴的教育理念相融合的方法，尝试将各类信息技术与大学英语教学有机结合，探索有效教学的方法。经过对 102 名学生的使用习惯和使用频率的统计，最受学生欢迎的 APP 有英语趣配音、扇贝单词、沪江开心词场、可可英语、每日英语听力等。该研究主要从 3 个主要变量——课堂管理、活动创新、教育技术来探讨大学英语有效教学课堂设计。

（1）课堂管理。计算机技术、网络技术、移动技术与新兴的教育理

念相融合,对课堂管理方面也有重要作用。针对学生在课堂心不在焉或缺勤旷课的问题,新的网络技术也可以帮助教师建立有效和有秩序的课堂。教师上课时逐一点名比较费时,如果教师在屏幕上打出一个简单的问题,要求同学们同一时间通过手机等移动终端,在网络社交群内发布自己的答案,没有答题的或者没有按时答题的,则视为缺勤,可以有效节省教师在课上点名和备注考勤的时间,提高整个课堂时间的有效利用率,完成更多有实际意义和价值的课堂教学环节。

(2)活动创新。计算机技术、网络技术、移动技术与新兴的教育理念相融合,在教学活动方面也可以有所创新。比如,笔者会针对该次课堂所讲授的主题,将课堂分成课上和课下两个环节,如果是脱离了教师的指导很难独立完成的环节,在课上重点讲授。如果是可以由网络平台、APP、社交软件等辅助在课下完成的环节,则作为作业。教师通过作文批改网定期发布写作或者翻译任务,并随时登录平台,查看、批改、收集整理数据、分析作业完成的情况,对学生的作业和完成度一目了然。课上主题由教师主持,学生分组讨论,每个组由发言人来阐述该组的观点,在社交群内发起网络投票,看哪一组的观点最受大家的认可和欢迎。网络投票的形式有效地激发了学生的学习动力,大家在线上和线下的激烈讨论也使得原本独立的英语学习更有互动性。针对课程主题和内容可采取多种形式的 APP 来丰富课堂活动。最受学生欢迎的 APP 如英语趣配音、扇贝单词、沪江开心词场等软件都可以与课堂内容有机结合,如针对学习内容主题开展英语配音比赛、单词记忆比赛、英文新闻播报比赛等,有效提升了学生学习英语的兴趣,也让学生对英语学习有了更明确的目标。对学生来说，以看懂、听懂新闻以及能流利地用英语配音和对话等非常直观和具体的需求为驱动，比一味地强调提高四六级成绩，更具有吸引力。经过对3个班级的观察和数据分析发现，大部分学生的英语成绩都得到了提升。该学期在这3个班级一共举行了3次模拟考试，第一次模拟考试是在学期初，代表学生进入大学的原始英语水平和状态，3个班的平均分为63.23。第二次模拟考试在学期中举行，平均分为63.39。第三次模拟考试在进行了一个学期的大学英语有效教学的尝试之后进行，平均分为65.07。可见，在经过一个学期的教育新技术和大学英语有效教学有机结合的尝试之后，3个班的平均成绩得到了一定的提升。

（3）教育技术。计算机技术、网络技术、移动技术与新兴的教育理念相融合，在教育技术的改变和更新方面也是有所体现的。现在教育界开展的微课、慕课、翻转课堂等，都是借助了计算机网络和移动技术的飞速发展。微课由于其短小精干的形式和言简意赅的内容，十分适用于智能手机等移动终端。慕课开放式的教学模式，则打破了时间和空间的局限性，让学生们可以充分利用零碎的、片段式的时间来学习。这些信息化背景下涌现的教育新技术，是传统教育方式的有力补充。在课上由于时间和课程设置无法深入的知识点，都可以通过微课和慕课的形式有效延伸和深化。网络和移动技术的有力支撑，使得原本有限的课堂时间，在课外和课下得到了无限的扩充。在一定意义上，这也是使大学英语有效教学得以开展的重要保证和重要补充。

教育信息化的发展对大学英语的课堂管理、活动创新、教育技术都提出了新的目标和要求。学生是否学习英语，是否在大学英语的学习中取得了进步,教师是否帮助学生获得了有应用价值和实用价值的技能,是大学英语有效教学所关注的核心。课堂教学是教育的基础环节,大学英语的每节课都应追求教有实效、学有实效,从而真正实现教育信息化背景下英语课堂中的有效教学。

第六节 大学英语信息化教学方案设计

大学英语教学的信息化在大学英语教学的整体改革中有着十分重要的地位。这样的转变能够使日常的英语教学方法以及学习路径更加多样化,改变了传统的英语教学方法。但在现阶段,中国整体的大学英语教育信息化水平以及教学效率还处在一种比较低的层次。在大学英语教学中如何更好地设计信息化教学方案是非常重要的。笔者主要针对大学英语教育信息化的转变对于大学生的意义进行了分析,指出了现阶段大学英语信息化教学中存在的问题,并提出了大学英语教育信息化的策略以及方案,以期提高大学英语信息化教学水平。

一、研究意义

2010年,《国家中长期教育改革和发展规划纲要(2010—2020年)》在对未来十年的教学改革的整体发展路线设计中着重强调了发展教学信息化,要求不断推进教学信息化进程。

大学英语信息化教育的转变能够有效提高教学质量、教学水平以及教学效率,能够在英语教育的观念、方法等方面有一个质的提升。在学生的英语学习过程中,这样的方法变革也能够在很大程度之上有效提升学生的英语学习效率以及学习效果。

二、大学英语信息化教学的意义

(一)促进学生综合发展

站在发展性的层面来看,大学英语教学的信息化转变可以帮助学生在性格、语言能力以及思维逻辑上得到综合性的发展。英语教学信息化的核心是学生,注重学生的学习需求,凸显学生的个性发展,帮助学生激发自身潜力。信息化的教学模式能够借助世界性的教学资源以及书本的多媒体化帮助学生拓展视野,使学生得到最为正统的、更为生动的学习资源,通过信息化平台锻炼学生的沟通能力,帮助学生在英语学习之中获得听说读写能力的均衡发展。另外,大学英语信息化教学能够锻炼学生自主思考、研究分析以及自己解决难题的能力,有效提高学生的思维逻辑能力。

(二)促进学习之中各方面的协调

第一,师生以及学生间的关系协调。大学英语教学信息化能够有效协调教师与学生之间以及学生与学生之间的关系。在信息化背景下,教师与学生之间的关系区别于以往的一种上层到下层的教学及受教的关系,现在的关系是一种在信息化层面之上的平等交流的关系。在英语学习中,教师进行一定程度的指导，学生自主进行思考分析以及研究解决问题的方法，并且这是一种平等交流的学习方式，学生也可以对教师的教学做出评估，对教师的教学提出一些具有意义的意见。在英语信息化教学中教师与学生是彼此合作、彼此帮助的关系。

大学英语信息化教学能够打破以前的英语教学中学生与学生之间互相不交流的现象，通过互相协作的学习方式，让学生养成团队协作的意识，提高学生的包容能力。

第二，英语学习与教学器材之间的协调。大学英语信息化教学同样也协调了英语学习与教学器材的关系。电脑以及互联网不只是英语教学中的一种器材，同样是学生学习的智能同伴。它能提供人与人之间的对话来锻炼学生的英语听说能力，还可以提供给学生一种模拟式的环境帮助学生进行更多的练习。学生与教学器材之间的关系超脱了单纯的取用关系，是一种和谐互助的关系。学生在学习过程中，会对大量的资源进行类别区分、内容补充，不断扩充资源量，以便更加有效地进行学习。

第三，英语学习与社会环境之间的协调。大学英语信息化教学抛弃了陈旧的埋头书本的学习方式，而是更多地注重英语学习与社会整体政治经济环境、社会对人才的需求以及学生自身的个人能力之间的一种协调融合。英语信息化教学独有的团队合作、自主性的学习方法等特点能够有效培养学生各方面的综合能力，充分适应社会环境的变化以及社会对人才的需求，使得个人的发展与社会发展同步协调。

（三）促进学生英语学习的持续性

大学英语信息化教学的核心思想是学生的自主学习，这样的观念有别于以往的学习只能在学校中进行的思想,更加推崇将英语学习渗透于生活之中。互联网的存在与发展为终身学习提供了一个很有利的平台,将终身学习融入生活已经成为趋势。大学英语信息化教学能够充分培养学生的自主学习意识以及自主学习技能,也为学生持续性的英语学习提供了条件。

大学英语教学与信息技术的有效结合的理论研究是当前研究的重点,但是就国内而言,这方面的相关研究较少。缺乏理论支持导致国内的大学英语信息化教学的发展进程缓慢且低效,一边进行一边探索的方法使得现阶段英语信息化教学还不能为学生提供真正意义上的高质量、高效率的英语教学。

配合大学英语信息化教学的发展规划,各大高校均在大力进行校园的信息化教学建设,对信息化教学环境、教学资源以及教学器材进行了大量的投资,在技术方面也有了长足的提升。但是学校在进行信息化教学建设的过程中,对于信息技术的选择以及运用往往以提高学校信息化技术水平为目的,而不是针对大学英语信息化教学的实际需求。这样的情况就导致了教学配套设施、信息化技术水平与英语教学情况、水平之间的不均衡、不匹配现象,造成日常英语教学中不能充分发挥配套设施的相应作用。在设施、技术的建设之中忽视了与大学英语信息化教学相对应的应用方案,导致了高端设备、高端技术的低级应用,这是对资源以及资金的一种浪费。

随着世界经济全球化以及信息技术的迅猛发展,社会进入了信息化时代,这也意味着教育的信息化转变是一种必然的趋势。大学英语教学的信息化离不开社会大背景的支持,然而在现阶段的大学英语信息化教学实践中,存在整体水平较低的现象,导致英语信息化教学效果十分微弱。社会整体无法收到信息化教学的有效反馈,导致了对英语信息化教学的支援减少,这就更加恶化了大学英语信息化教学的发展。

三、大学英语教育信息化方案

(一)完善大学英语信息化教学方案

就现阶段而言,大学英语信息化教学还处于一种起步阶段,不能进行跳跃式的改革,而是要从结合传统的大学英语教学方式以及信息化技术做起。英语学习过程存在很强的认知性需求,学生需要通过大量的时间来进行学习,传统的大学英语教学方式之中听讲与记录、复习相结合的方式更加适合学生,不能一味地抛弃,要针对以往教学方式中无法有效表达的部分进行信息技术的融合,从而使讲解更为生动、形象。两者的科学合理的融合才能够达到最为理想的教学效果。例如,在进行单词学习的时候,应该选取传统的方式,而在学习语法、发音、语境的过程中,可以多利用信息化技术,展示更为本土的资源,让学生能够学习到更为正统的发音。另外,在教学中还可以将英语与经济等其他专业内容进行结合,让学生自主进行资料阅读分析、小组讨论、成果演讲,让英语学习的内容更加丰富。

(二)对学生、教师、信息化技术进行正确定位

在大学英语信息化教学中,学生是学习的主体,应该强化学生的这

一观念，调动其主观能动性。教师在学生利用信息化技术进行自主学习的同时，也不应该完全抽离，而是应该在恰当的时间，利用科学的方式对学生的学习进行引导、指导。而信息化技术仅仅是教师进行英语教育的一种工具以及手段，不能够取代教师的的主导地位。举例来说，学生应该利用信息化技术以及多媒体设备多多地进行资料阅读分析，丰富自己的英语知识面，而教师需要在一些难点部分进行指导。同时，一些读写练习、单词以及测验等也应该由教师来主导进行。

（三）优化学习环境

信息化网络能够有效地为学生的英语学习创造一个综合培养听说读写能力的环境，通过更为真实的情境帮助学生提高语言能力。

可以通过播放一些英文影片以及关于其他国家的地理、文化、历史以及当下的生活环境的视频，来帮助学生全方面、立体式地进行英语学习，通过对母语国家的场景对话的观看聆听，培养学生的英语语感，让学生熟悉英语的运用语境，强化语法、发音。教师在英语教学中还可以利用设备进行听说练习，并给出一个场景，让学生互相之间进行讨论、合作，做出一篇演讲，锻炼学生的写作以及表达能力。

在信息化时代的大背景下，对于信息化技术手段与大学英语教学互相结合的过程中存在的问题科学设计解决方案是十分重要的。在大学英语信息化教学中，需要建立正确的教学观念，在恰当的时机、合适的尺度上科学、合理地进行信息化技术手段的应用，培养学生的自主学习能力和综合英语素养，这样才能提升大学英语信息化教学的整体水平，更好地帮助学生提高英语应用能力。

第七节 大学英语教师信息化教学能力发展

当前随着我国社会现代化的高速发展,新媒体在各行业获得了广泛的应用,在教育工作中亦是如此,教师通过有效的信息化技术能够更好地提高教学质量。在大学英语教学中融入信息化技术,可以进一步转变传统课堂教学模式,重视学生能力的发展,更好地增强大学英语课堂教学效果。基于此,笔者从大学英语信息化教学的意义入手,对教师信息化教学能力发展问题进行了分析并提出了有效策略,以供参考。

新媒体时代,将信息化教学手段应用于当今大学英语教学是实现教育改革与创新的一个途径。目前大学英语教师信息化教学能力还存在很多问题,要改变这种现象,就要找到相应的解决方法,有效提高大学英语教师信息化教学能力,不断提高英语教学质量。因此,加强对教师信息化教学能力的研究具有重要的意义。

一、大学英语教师信息化教学的意义

(一)促进学生的综合发展

当今社会在不断发展,英语对大多数人的生活有着极大的影响,尤其是大学生,对他们进行更系统化的培训可以使他们在语言组织、逻辑推理以及一些学习方法上有所提升和进步。英语的教学模式主要是以学生的需求为主,这样才能激发学生的学习兴趣和潜力。相比于其他的教学方式，信息化的教学方式往往有着更多的优势，比如资源丰富，学生可以借助多媒体查阅自己想要了解的知识，扩充自己的知识面，开阔视野，还能够使自己在语言上得到进步和提升，能够做到英语对话随口而出，提高英语的语言组织能力。英语的信息化教学同时还能够培养学生的自学能力，使学生在学习能力和思考能力方面得到进一步提升。

（二）丰富课堂教学内容

对于大多数的学生来说，英语课堂就是在听天书，不易懂，再加上英语知识点相对复杂、难理解，又给学生学习增加了难度，使学生对英语产生了抵触心理。课堂上教师教学过于死板，缺乏与学生的互动，没有很好地带动学生的积极性。如果未来的英语课堂能够引进新型的教学技术，通过网络信息化，以图文并茂的形式将学习内容呈现在学生面前，这样就打破了常规的教学模式，教师的身份也得到了转换，从主导者变为知识的引导者，不但能够提升学生的学习自主性，还能使原本枯燥无味的课堂变得有趣，这样更能提高学生的英语口语水平和交流表达能力。

二、大学英语教师进行信息化教学时存在的问题

（一）信息化教学观念相对落后

教育随着时代的进步也在不断更新，应试教育已经适应不了当代教育的潮流，随着素质教育的普及，信息化教学已经在各个学校进行了普及和应用。这就要求教师跟随时代的潮流，应用科学合理的方法，同时借助网络工具进行教学。当前的高校依然有很多教师还是老样子，自导

自演，过于传统、死板，还运用黑板进行教学。这样的教学方式使得学生学习英语更加被动，导致了课堂索然无味，也使得很多学生学习英语的兴趣不高。一些教师借助信息化工具给学生上课，不但带动了学生学习的积极性，同时还在一定程度上减轻了自己的工作量，但是一些老教师依旧抵触信息化，在教学时带动不起来学生的积极性，影响教学质量。

（二）教学方式过于单一，课件制作质量低

英语教师在上英语课时一定要多元化地使用信息化工具，不能仅仅对一项功能进行使用，忽视了这套系统的其他功能。一般情况下，教师只使用PPT进行课程的讲解和传授的做法是行不通的，还可以通过视频、音乐，还有微信或者其他模式进行教学，不能忽略其他的应用或者新型的教学软件。一些大学教师只会使用PPT，在进行讲解时，没有与学生互动的环节，导致了课堂枯燥无味，上课的质量远远不能达到预期的效果。在上课之前，教师应该对课程进行准备，这样也会提升教育教学的质量。

（三）培训制度欠缺

一般情况下高校都会对教师进行培训，教师在经过培训之后会提高自身的知识素养和教学能力。这种培训机会不是所有人都能拥有的，拥有这些机会的教师往往都是高校里的一些精英教师或者是课程组的教研组长。但是经过培训也不一定会有良好的效果，因为教师与教师之间的教学方法各有千秋，对培训的内容如果不能及时地进行消化和理解，反而会影响他们平时的教学效果。

三、大学英语教师信息化教学能力提升的有效策略

（一）改变传统教学观念

随着教育体系的不断完善和改进，在大多数高校中，教师开始对那些相对死板的课程进行改革和创新，但在信息化教学中还存在着一些老式教学的影子，所以学校应该从根源上解决这一问题。

教师必须了解新课改的内容和规定，再进行自我反思和自我创新，开展新型课程，从而进一步提升大学英语的教学质量。在教师使用信息化教学时，学校应该给予支持和鼓励，并根据学生的需求采取相关的措施，使大学英语的课堂教学质量和教师应用信息化教学的水平得到提升。

（二）加强英语教师信息化教学能力培训

首先，学校要对教师大胆创新、勇于实践、开拓新课程的行为进行大力支持和鼓励，争取让每一名教师都能得到培训的机会，转换教师对信息化教学的认知，灌输正确的信息化教学观念。学校还可以借助互联网工具对教师进行专业化培训，落实网络授课的相关制度政策，调动教师自主学习的积极性。其次，学校可以制定制度，让教师在空余时间进行信息化教学的学习，不懂就虚心向会的教师进行请教和询问，解决自身的困惑和疑问，正确看待信息化教学中的问题，提高网络技术的应用能力。此外，教师还可以通过网上查询、观看视频等方式进行学习，进一步提升各方面的能力。

（三）创建良好的信息化环境，提高信息的搜集能力

环境也决定着信息化教学的质量，在进行信息化普及的同时，学校要给教师每人配备一台设备，并且同时要建设 2~3 个设备完善的计算机房供学生使用，这样不但实现了教育教学的信息化，而且还使课堂不再枯燥乏味。除此之外，教师在课余时间还要搜集关于课程的课外知识，给学生进行讲述，拓展学生的知识面。学校还可以不间断地进行科教评选，评选优秀教师和班集体，调动全校师生的积极性。

（四）教师利用信息化开发优质教学资源

现代信息技术的应用在一定程度上推进了传统英语教学的改革。大学英语教师进行信息化教学时，应该通过网络积极搜集优质的教学资源，丰富教学内容，使教学内容更加简单易懂，降低知识的抽象性和复杂性。与信息技术相结合的信息化教学不仅打破了只使用 PPT 的教学方式，还激发了学生的学习兴趣，使他们能够有效利用教育信息化资源。

随着教育改革工作的不断推进，教师认识到信息化教学已经是当代社会发展的必然趋势，同时也是现代教育过程中不可缺少的教学模式。另外，影响大学英语信息化教学质量的因素还有英语教师信息化教学能力。因此，笔者详细分析了英语教师进行信息化教学时存在的问题，提出了可提高大学英语教师信息化教学能力的方案。有效的信息化手段能够更好地激发大学生的学习兴趣，并提升自身的综合能力，所以在教学过程中，教师需要更加重视信息化手段的运用与创新。

第五章　教育信息化背景下英语教学的改革

第一节　教育信息化与大学英语混合式教学

信息技术为教育的发展提供了新的媒介与手段，促使教育的理念与方法发生新的变革，二者在相互磨合的过程中不断融合，形成了新的教育态势，于是传统课堂教学与在线自主学习相结合的混合式教学模式成为当下的主流教学模式。本节旨在探讨在信息化背景下，构建大学英语混合式教学模式的最优路径，为学生的个性化学习创造最佳环境。

信息技术的发展推动了"互联网+"时代的到来，教育领域也由此进入了巨大变革的时代。其中，混合式教学模式凭借其独有的优势在教学中备受欢迎，导致了以教师为主体的单一教学模式向以学生为主体的多元混合模式转变，学生的个性化学习实现了最大化和最优化。在信息化背景下的大学英语混合式教学模式中，学生可以从海量的学习资源中自主获取需要的资源，满足个性化学习的需要；教师的角色由此发生改变，由学习的操控者变为学习的指导者与协助者。但是，在校情、学情存在差异的背景下，如何在实践中充分利用信息化技术及网络资源，构建适合学生个性化学习的教学模式，是广大教师迫切需要解决的问题。

一、构建混合式教学模式的意义和可行性

（一）构建混合式教学模式的意义

随着信息技术的发展，"互联网+"逐渐融入了教育的每一个环节。数字化教学条件的完善与智能手机、电脑的普及，使学生汲取知识的途径越来越多样化。因此，在教育信息化背景下，与时俱进地开展大学英语教学改革，构建大学英语混合式教学模式成为时代必然，这既是培养社会人才的要求，也符合教育发展的内在规律。采用混合式教学模式，不仅能充分利用现代化硬件与软件资源，为学生提供海量的知识，还能实现学生的个性化学习，达到"因材施教"的目的。混合式教学模式实现了传统课堂教学优势和网络学习优势的结合，既发挥了教师的主导作用，也体现了学生作为学习主体的主动性与创造性。

当前，大学生源越来越多元化，同一班级学生的英语基础相差很大，统一的教学模式较难适应水平参差不齐的学生，混合式教学模式正好满足了学生的个性差异，能够提升学生学习的信心、兴趣。在信息化时代，教师与学生获取知识的渠道几乎是同等的，教师失去了传统教学模式中

的绝对地位，师生之间的所谓"杯桶关系"悄然发生了改变，二者之间的差距越来越表现为先知和后知的关系，而学生对新观念、新科技具有更强的接受意识与能力，从而在资源获取、技巧运用方面可能比教师更胜一筹。因此，在构建混合式教学模式时，教师应先注重学生在信息化环境下个性化学习能力的培养，特别是学生自主学习的自律能力与管理能力，以及在合作学习过程中提升协作与沟通的能力。对于教师来说，在课程设计中，要具备重构和创新知识的能力、组织新型课堂的能力、指导学生自主获取线上资源的能力。

（二）构建混合式教学模式的可行性

随着"互联网"和智能手机在中国的普及，人们获取信息的渠道越来越便捷与多元化。当代大学生是在网络与手机的陪伴下长大的，使用网络和手机是他们的本能之一，在网络中获取信息就如同鱼儿在水里觅食一样熟悉。虽然大部分大学教师对网络和手机不如大学生敏感，但他们是第一批网络和手机的使用者，对网络和手机软件的使用也是轻车熟路、顺手拈来。因此，在慕课及各种学习平台的辅助下，教师的授课形式和学生的学习方式都发生了变化。教学方式由单一变为多元，课堂教学由以知识讲授为主变为师生互动、课堂答疑、讨论等多种形式。学生课下学习的地点、方式和内容也发生了变化，学生可以随时随地地进行移动学习，获取海量的学习资源，遇到疑难问题可以在网上搜索答案或与老师、学生通过QQ、微信等网络平台进行讨论。总之，良好的课后学习环境使得师生、生生之间的学习与交流可以跨越时空，实现线上线下的有效结合，学生可以根据自己的个体差异，选择合适的学习方式与方法，实现个性化学习，从而提高学习的效率与目的性。

在信息化背景下，大学英语的实用性功能依然是教学的主要目标，着眼于听、说、读、写、译五项技能的培养，混合式教学模式仍立足于这五个方面，但是混合式教学模式从理念、设计、资源、方法、评价等方面都发生了根本性的改变，这必然促使学生在学习思路、方法等方面随之发生改变，从而在学习能力和综合素养两个方面同时获得提升。

二、混合式教学模式的特点和现状

（一）混合式教学模式的特点

混合式教学模式是传统教学模式与网络教学模式的融合，将二者的优势结合起来，充分发挥教师在学生学习过程中的引导、启发、管理的主导作用，充分突出学生在学习过程中作为学习主体的自主性与创造性，通过优势互补，达到了理想的教学效果。混合式教学模式能够进一步提高学生学习过程的参与度，帮助学生提升团队协作能力，在求知的过程中提升学生的探究能力和创新能力。

混合教学模式最显著的特点在于它摆脱了实体大学的地域限制，打破了传统课堂教学模式单调的固化形式，教师与学生可以通过网络进行平等交流与相互沟通，培养师生间、生生间以求知、求真为纽带的平等的人际关系。但这种教学模式并不能取代传统教学模式的主体地位，传统教学所具有的优点是线上教学无法取代的，线上教学只是传统教学的补充，两者结合可以实现优势互补，激发学生的学习潜能、积极性与主动性，使学生的主体地位得到充分发挥。

（二）混合式教学模式的现状

中国地域辽阔，每个省、市的师资力量、信息化资源、教学设备也千差万别，这使得全国各地教学水平参差不齐。信息化背景下的混合式教学模式可以最大限度地实现教育资源的跨时空共享，在一定程度上弥补了客观条件造成的不足。

虽然混合式教学模式的优势已达成共识，但毕竟处在初级发展阶段，缺乏成熟的理论与经验，要想全面发挥其潜力，需要政府、社会、学校等多种力量的配合与支持。目前，线上教学遇到了快速发展的契机，各级教育部门真正意识到信息化教学的重要意义与积极作用，积极鼓励并科学地指导混合式教学模式的应用与发展。

在教育部门的鼓励与支持下，各级学校纷纷发挥主观能动性，在加强与完善校园网络建设的同时，积极倡导与组织教师学习与利用各种信息化平台与资源，为开展线上教学提供优质的网络环境与条件，保障教学活动的顺利开展。在双重驱动下，教师在最短的时间内熟悉了如何利用信息化资源进行教学，提升了自身的信息化素质，保障了教学质量，所积累的经验为以后开展混合式教学奠定了坚实的基础。

三、信息化背景下混合式教学模式的构建

（一）提升教师队伍的信息化应用能力

教师队伍的素质是实施混合式教学模式的关键因素。人们都恰当地把教学活动比喻成舞台演出，教师是舞台的设计者与导演，学生是演员，演出的效果既取决于演员的演技，也取决于导演的水平，甚至可以说，

演员的演技是靠导演导出来的，这个比喻形象地说明了教师在教学中的作用与重要性。因此，在信息化时代，提高教师的教育信息化素养具有重要意义。

首先，加强理论培训，在教育理念、教学方式、专业素养三个方面提升教师的理论素养。根据实际情况，学校通过专题讲座、外出培训、校际互访等形式提高教师的理论水平，转变教师的教学理念及教学角色，使其认识到学习过程既是一个学习知识的过程，更是自我管理、自主创新、沟通协作的过程。在这个过程中，学生获取了知识、习得了方法、强化了协作、培养了人格。其次，提升运用信息化技术的能力。信息化背景下，教师不仅是课程专业人才，还是信息化技术的运用者，教师应能够选用合适的网络平台及 APP 软件开展线上、线下教学活动及评价。而且，面对统一的教材，教师应具备对课程内容进行重新开发、设计和编排的能力，具有利用信息化技术制作微课和课件的能力。

（二）构建信息化背景下的混合式教学模式

整合线上、线下各种学习资源，将在线自主学习与课堂教学相结合，构建信息化背景下混合式教学模式是当今教学改革的最佳选择。

1.混合式教学模式的设计

混合式教学模式有效实施的前提是做好教学设计和提供丰富的多元化教学资源。教学设计包括课前、课中和课后三个环节以及贯穿其中的教学评价。教学设计要详细规划每个环节的具体内容、步骤、要求及评价方式，整个过程既要注重学生的自主学习与自我管理，又要倡导师生及生生间的共同协作，教师与学生利用电脑或手机可随时随地地对教学内容、课后习题进行互动讨论。

（1）课前预习。这是第一个必要环节，缺少预习环节的课堂讲授，学生不仅被动学习，也会增加理解难度。在传统教学模式下，教师主要指出预习内容和作业要求，缺乏细节性的指导和展示，预习效果一般。而在信息化条件下，教师将课前预习与课堂授课内容进行设计、编排，配合音频、图片、动画等媒介手段，加强趣味性和易记性，然后把这些加工好的材料上传到学习平台，供学生自主下载学习，同时把本单元或章节的教学目标、课程安排以及考核方式等要求发给学生，方便学生对本单元或章节有一个整体了解，从而强化预习效果。教师通过平台统计的学习数据，了解学生学习的重点、难点，以提高课堂教学的针对性。因为是提前预习，学生可以有充裕的时间观看教学视频、学习课程资料、完成相应测试，学习过程中还可以进入平台，在互动讨论区对难点、疑点进行讨论，互助解决问题，还可以分享学习体会与经验。

（2）课堂讲授。在混合式教学模式中，该环节依然是教学的核心部分，教师针对学生的预习统计数据，对重点、难点进行讲授及答疑。在讲授过程中，教师可以利用APP平台进行随堂练习与测试，实时监测学生知识点的掌握情况，还可以安排一些抢答题以提高学生的参与积极性，营造灵活的课堂氛围。这个过程中，教师是教学活动的主导者，借助可视化的视频，图文并茂地呈现知识点，更好地吸引学生的注意力，特别是对于具有文化差异或能引起思想争议的知识点，教师可以引导学生通过讨论、辩论等方式进行创造性、探究性学习。在完成知识点的学习后，可以组织学生进行总结性发言，让其他学生进行点评和提问，提高学生学习的参与度和积极性，激发学生的求知欲，弥补"填鸭式"教学中缺乏趣味性的缺陷。

（3）课后复习。这是对所学内容的巩固与反思阶段。一方面，教师可利用网络平台布置一些作业，或开展在线测试，即时评价学生的学习成效，让学生了解自己对课堂知识的理解和掌握程度，及时针对薄弱环节查缺补漏。另一方面，学生可多次回看视频或教学课件，巩固对课堂知识的理解；还可以下载教师上传的相关拓展学习资料，强化课堂上所学的知识。有疑问的学生可以在平台讨论区与其他同学以及教师进行讨论，开展探究性学习，培养创新性思维。

2. 构建完善的评价体系

基于信息化的混合式教学模式是师生共同参与的具有多向交互的创新模式，教学效果可以通过教学评价反映出来。信息化智能教学平台能够实现对学习者的学习过程、学习效率以及课前、课后的参与度、参与质量等数据的统计与分析，客观地反映教师与学生的教学行为及质量，从而对教师与学生进行客观的过程性评价。学生可以通过评价调整自己的学习策略，管理自己的学习行为；教师同样可以通过评价结果，反思自己的课堂设计，调整教学方法及策略。

当前，该模式尚处在摸索阶段，还没有形成完善的课程评价体系，评价方式与评价效果须经过一段时间的磨合与验证。相比于传统评价体系，混合式教学模式可以借助信息化平台数据进行较为全面、客观的过程性评价。教师可以根据评价结果对教学各个环节进行调整，学生可以根据教师、同伴及自身评价，了解自己的优缺点，及时调整自己的学习策略。可见，混合式教学模式不仅是教学方式的转变，更是教学思维、理念与实践的转变，把知识学习的过程变成了以知识学习为媒介的认知探索与创新的过程。所以，课程评价体系要从硬性的量化评价转向软性的认知评价。

混合式教学模式借助信息化资源与手段，充分地整合了线上线下多种学习资源与媒介，将课前预习、课堂讲授、课后复习及评价等环节有效结合起来，实现了课内与课外学习的优势互补与交叉融合，不仅为学生提供了更为便捷和丰富多彩的学习方式与体验，而且将教学变得越来越生动和高效。总之，基于教育信息化的混合式教学模式将引发教育领域的一系列变革，教育部门及学校要充分把握这一发展机遇，对传统教学模式进行改革，实现教学模式的跨越式发展，整合、共享社会资源，全面贯彻"因材施教"的教育理念，为学生的个性发展提供条件与环境保障。

第二节　教育生态学与大学英语信息化教学

随着现代教育技术的蓬勃发展，大学英语教学不断融合先进的技术手段，大学英语教学的生态环境发生了一系列失衡现象。本节以教育生态学为研究依据，剖析了大学英语信息化教学的失衡现象，探索了信息技术和大学英语教学的整合方法，以期促进大学英语信息化教学的改革与可持续性发展。

我国教育部高等教育司编写的《大学英语课程教学要求》（以下简称《课程要求》）提出了新型的教学模式，即基于计算机和课堂的英语教学模式。陈坚林教授对《课程要求》中的相关细节做了以下解读："大学英语教学改革方向之一是信息化教学，生态化课堂建设也是改革的重要部分，两者的结合能确保教学'高效化'和教学环境的'生态化'。"信息技术进入大学英语教学，势必对组成该系统的生态因子的地位、作用产生一定的影响，甚至会破坏教学系统的生态平衡，出现不平衡的现象。本节将"教育生态学"和"信息化教学"相结合，力争创设平衡的大学英语生态教学环境，促进语言教学的稳步发展。

一、教育生态学的概念

教育生态学是以生态学的视角探求教育系统内部规律的一门科学，其核心内容在于教育的生态平衡。教育与生态因子间的关系是决定教育成效的关键，教育学和生态学两个学科相结合的研究有利于平衡各生态因子和教育之间的关系，解读教育现状并解决问题，实现平衡、和谐的教育。教育生态学视角下，语言系统可以被看成由教育施动者、教学对象、教学内容和教学环境等因子组成的微观生态系统，只有在和谐的环境里相互作用，才能促成语言教学系统的健康有序发展，保证英语教学改革的良性循环与可持续发展。

二、大学英语信息化教学生态失衡内涵

从教育生态学的角度审视现代教育技术支持下的大学英语教学现状,可以得出以下结论:大学英语课堂生态总体上还处在不同程度的失衡状态。总体来说,往往有这些状况:第一,生态系统中的各要素的发展受到制约,甚至不能发挥其基本功能;第二,生态系统中的各要素间缺乏流通,彼此制约,致使生态结构混乱;第三,整个生态系统因教学各因子作用的缺失,难以满足学生对教育的诉求。从微观角度来看,具体有以下几个方面的失衡:

(一)师生生态主体间的失衡

在信息化教学中,教师在教学中重视传授知识和技能的途径与内容,忽略和学生进行情感交流的过程。英语教学软件和应用平台在教学中常作为载体被教师用来评估学生课后的自主学习,很少关注全部学生的情况,不经常进行网络评注或跟进学生的掌握情况及应用能力,难以及时纠正口语训练中的语音、语调,教学后期跟踪和必要的教学改进产生时间差,不能及时跨越"教"与"学"的鸿沟。同时,部分教师将"教学改革"设为教学目标,部分学生更多地关注学习的效果和直接又传统的教学方式。教师和学生的角色随着新教学模式的应用发生变化,师生双方互相期待的角色产生矛盾。因此,在教学目标和方法、师生角色上存在失衡的情况。

（二）师生主体与信息技术的失衡

部分教师（尤其是年纪较长一些的）和学生长期受传统教学方式的影响，首先在思想观念上没有得到更新，忽视信息化教学能力的培养，消极的态度和落后的技能与信息化教学的要求构成矛盾，制约信息化教学能力的发展，影响教师与课堂环境的互动，致使信息技术的应用需求和教师信息化教学水平、学生信息化学习能力素养失衡。此外，信息化生态课堂的理念与教师传统的"以教师为中心"教学理念形成矛盾，与学生学习观念和从高中沿袭下来的单一的学习方法形成矛盾。

（三）教材、教学内容与信息技术的失衡

陈坚林认为，信息技术应和配套教材进行有机融合，且信息技术是对教材充分利用的必要支持，也是拓展教材的有效手段。然而目前，与教材配套的网络学习资源和书本基本一致，没有做合理的拓展和延伸，资源重复、浪费。无论是移动设备还是电脑平台上的自主学习资源设计都存在缺陷，形式单一，口语练习机会较少。此外，在实际教学中，教学内容和形式过于单一，教师未能将内容很好地与多媒体技术进行结合，未能布置适宜的基于网络的自主学习任务，也未能将学生自主学习能力的培养与信息技术学习能力的培养进行有机结合，没能很好地发挥两者的互推作用。

除上述失衡情况外，还存在教学评价体系与信息技术的失衡、教学模式与条件的失衡、院校各机构间的生态失衡等情况。大学英语课堂生态失衡现象制约了个性、互动、开放的教学生态体系的构建。因此，大

学英语教学中各生态主体间关系的协调、平衡工作尤为重要。

三、教育生态学视角下现代信息技术与大学英语教学的整合思考

（一）更新教学理念，探寻教育目标和学生需求间的平衡

教育生态学强调"以学生为中心"的现代教育思想，贯彻"以学生为本"的原则，为学生提供全面、自主、灵活、和谐的发展平台。因此，教师要摒弃传统的教育观念，摒除照本宣科、"一言堂"的教学方式，采用多媒体课件展示、微课、翻转课堂等教学方式，引导并鼓励学生主动学习、思考、提出质疑和思辨；明确教师是组织者、引导者、协助者的角色，培养学生的自主意识，给学生参与课堂和自主学习的机会。教师应及时更新教学理念，以生态化为前提，结合授课对象对教学活动进行严谨、合理的设计和实施，全面考虑实现教学目标应采用的信息技术手段，引导学生接受并应用现代技术手段展开学习，实施个性化、素质化教育，注重情感因素在信息化教学中的作用，及时互通有无，反馈教与学的效果，培养学生"学有所依"的情感，使学习充满动力和乐趣，从而真正实现师生间相互依附、平等共生的生态型学习共同体。

（二）革新教学方法，探寻师生、生生间的平衡

在大学英语生态课堂中，师生构成了生态环境的主体，生态平衡的课堂构建是以师生间有效的交流手段为基础的，即改进教与学的方法。在"互联网+"时代，大学英语教学应基于计算机技术综合运用多种方法

进行教学，如采用合作式学习、探索式学习等方式，进行看图说话、角色扮演、游戏活动、戏剧扮演、多媒体辅助教学等典型的生态共生课堂教学方法；除有形的课堂外，还可以建立无形的网络互通平台，如 QQ 群、学习平台等，课前上微课，课上进行翻转课堂，课后完成自主学习平台上的任务加以巩固和拓展。

教师应改变传统教学模式中的角色，协调好师生、生生之间的关系。传统课堂中的教师是知识的传达者和再生者，是学生学习知识的主要源泉；信息化课堂中网络资源、多媒体课件及学生本身都可能成为知识的转化者和生产者，占据教师在传统生态位中的地位。例如，一些学生课前已经在自主学习平台或者通过微课学习之后，掌握了实际课堂授课的重点和难点，继而忽略教师面授时的传授。另外，信息时代提供学生碎片式的学习模式，学生一旦遇到学习困惑，第一时间会搜索网络解答或寻求在线帮助。面对实际授课被忽视的情况，教师应当重新审视自己在教学生态位中的角色，重新定位身份。

在信息化环境中，学生的地位及角色都应发生改变，不再是单一的知识被动接受者，还是知识的主动建构者及转化利用者。信息化的教学课堂应突出学生的主体地位和教师的主导地位，学生的主动探索学习和教师的积极引导会构建和谐、平等、共进的师生关系。此外，学生与学生之间的关系应保持平衡。生态学的竞争排斥原理揭示，当两个或更多的物种共同分享一定的生态位空间时，会出现竞争排斥现象。因此，英语教学既要引导学生进行适度的竞争，又要通过个性化培养规避学生间过于激烈的竞争而导致生态位分离或脱轨。

（三）巧用教学资源，实现信息化教学手段与教学素养间的平衡

英语教学资源较丰富，教师应当善用、巧用包括文本、音像材料、网络多媒体资源等在内的教学资源。综合性的教学资源要求教师提高对各种教学资源的使用能力，根据实际教学需要，筛选适合教学主题的教学素材，作为基础辅助或拓展材料融入教学中。教师首先应加强网络教学管理功能，通过参加相关软件培训，熟悉网络管理平台的功能，甚至可以通过学生身份试用各平台或软件，筛选可用的学习资源，熟悉操作流程，解决学生使用过程中的问题。其次，教师应充分利用平台的交互功能，按教学需要布置适量且适宜的作业，并及时批阅并反馈学生的完成情况，加强与学生的在线互动，让学生意识到教师始终在他们左右。此外，教师面授时应强调平台学习中的突出问题，这对线下教学起到很好的指引和补充作用。最后，教师要制定适合本班学生情况的信息化学习的相关规定，学业的评估应与课外在线学习情况紧密挂钩。这样通过情感上的交互及客观的管理规定的制约，教师在提高信息化教学素养的同时，学生的自主学习意识和能力也逐渐增强，实现教学生态体系中因子的平衡，教学效果会更好。

英语教学信息化是促进教学的一种手段，应当加以合理且适度的应用。陈坚林认为，过度使用技术（over use of technology）是信息技术在英语教学中的失调现象之一。凡是过度而为之，必定会引发失衡现象。设想，教师过多使用信息化教学手段，如仅通过微视频预习，或仅完成自主平台的任务而忽略课堂面授，抑或是仅进行多媒体展示而没有课堂

互动，教学效果会怎样？毫无疑问，学习效果低下，因为信息手段的过多使用破坏了教学系统的平衡，信息技术这一因子制约了其他因子作用的发挥。因此，教师信息化教学素养在控制适量信息化教学方面是一个考验。以网络自主学习为例，有些学生会在网络自主学习上造假，如找同学代做、挂网伪造做题时间、抄袭等，在信息化教学素养高的教师面前，这些不良情况都是可控的。为了控制这些现象，教师首先应当剖析造假的可能性，可走访学生排查问题所在。其次，教师针对这些问题，加强控制和监管，完善应用平台的功能，如摄录学习者学习动态，对上网学习者进行身份认证，设置个性化随机任务和题目，改进公布答案的方式，课堂二次检查，等等，确保信息化教学的实际效用。

高校英语教学是一个庞大的生态体系，各生态因子间互为作用，确保因子间的平衡是教育生态学的核心问题。运用教育生态学理论和研究方法审视英语信息化教学的现状和发展，有利于探索整合中出现的复杂问题，发现解决失调现象的方法，针对不同失衡现象提出具体的解决方案，优化教学体系，促进高校英语教学重新达到生态平衡，促使大学英语教学改革良性发展，实现兼容、多元、动态的良好教学秩序，增强教学效果。

第三节　教育信息化与大学英语口语教学

随着现代教育技术的发展，多媒体、网络等现代教育技术越来越多地被应用到英语口语教学中去，而且对增强英语口语教学效果起到了很好的辅助作用，特别是在大学，给口语教学带来了新的活力和生机。本节通过大学英语教学中应用现代教育技术的实践，总结了教育信息化在大学英语口语教学中的重要作用。

教育信息化指在教育领域运用计算机多媒体和网络信息技术，来促进教育的全面改革，使之适应信息化社会对教育发展的新要求。教学是教育领域的中心工作，所谓教学信息化就是要使教学手段科技化、教育传播信息化、教学方式现代化。大学英语是高校大学生的公共基础课之一，也是提高大学生英语水平和语言交际能力的重要途径之一。教育信息化使得英语口语教学方式和学习方式更加灵活多样，改变了传统的大学英语口语教学模式，成为改进大学英语教学的一项有效策略。因此，教育信息化在大学英语口语教学中的应用越来越广泛。

一、大学英语口语教学信息化的必要性

首先，信息技术已成为一种时代符号，并贯穿人们生活的方方面面，给人们生活带来了深远的影响和巨大的冲击。这种影响和冲击在高校教育领域也有着较为突出的表现。作为高校教育重要内容之一的英语口语教学，也面临着信息技术带来的挑战和机遇。其次，大学英语口语教育

对于非英语专业的学生来说，是一种基础教育，需要更好地整合各种资源以确保良好的教学效果。加快信息技术在口语教学中的渗入，有针对性地实行信息化教学，已成为我国大学英语口语教学改革发展面临的重要课题。再次，信息技术是推进大学英语口语教学模式改革的重要元素之一，提升大学英语口语教学的有效性将是提高大学英语教学质量的关键。教育信息化将对现有的教育网、校园网进行升级，新一代教育网必然成为未来教育信息化的基础。最后，教育信息化的核心是教学信息化，它要求在教育过程中较全面地运用以计算机、多媒体和网络通信为基础的现代信息技术，促进教育改革，从而适应信息化社会提出的新要求。这对深化教育改革、实施素质教育具有重大的意义。

二、教育信息化在大学英语口语教学中对师生的要求

教育信息化的普及，要求师生必须熟练掌握信息技术，将其运用到大学英语口语的教学与学习中去。在信息化的时代背景下，人与人之间的距离越来越小，相互之间有着越来越深刻和难以避免的交融性，这就要求人们具有交际与合作的主观意识。在大学英语教学中，这种要求体现在教师身上，就是团队协作性教学方式的转变。由于信息化教学内容的多样性，教学手段愈加丰富，教学任务也更加艰巨，教师不仅要完成课堂授课，还要在课下做好与学生在网络平台上的互动交流，这种多样形式的齐头并举使得绝大多数教师都无力独自负荷，这就需要教师从专注个人教学的工作方式走向合作，联合教学，共同交流，集体备课，资

源共享，这既能提高工作效率，又能避免各自为政所造成的资源浪费，在整合信息资源的同时，实现人力资源的有效整合。学习语言，是了解不同文化的敲门砖。现代社会的大学生，应积极培养这样的现实眼光，认识到语言学习的实用性，做长远的打算，丰富自己的内涵，提高自己的文化素养，以更好地适应瞬息万变的社会发展现状，在不同文化的交融中去粗取精，努力做更完备的社会人。

三、教育信息化在大学英语口语教学中的运用及作用

在大学英语听说方面，学生可以通过信息技术，在网络上观看英文版的电影、听英文歌曲，或者查找一些英语听力资料，从而提高英语听力和口语能力。在大学英语读写译方面，教师可以通过 PPT 教学，形象生动地呈现教学内容，为课堂注入新鲜血液。学生也可以通过网络进行英语口语学习。

教育信息化可以有效体现大学生学习英语的主体地位。在高校英语教学中，通过运用现代教育技术手段，可以将文字、图像、声音等媒体进行结合，将英语教学内容制作成多媒体课件，为学生创造一个全新的、多元化的英语口语学习环境，让学生充分体验这种语言环境，这不仅可以调动学生学习英语口语的兴趣和积极性，还能改变传统的教师单一讲授的教学模式，具有很好的教学效果。此外，随着网络技术的发展和应用，我们还可以将不同的大学英语学习内容，根据学生的能力、水平等因素，设置成不同层次的学习内容，通过网络服务器，让学生随时调用

这些学习资源进行学习，这在很大程度上尊重了学生在英语学习中的主体地位，对学生的英语学习具有质的改变。

现代教育技术手段在高校英语教学中的应用，使得口语、阅读等英语内容的学习变得更生动、更容易，有助于提高大学英语口语教学质量。比如，在大学英语语音的教学中，要想发出标准音，必须搞清楚发音的部位和技巧，也就是明白发音时的口型和舌位。单纯通过老师的讲解很难达到让学生看清、看准的目的，而这时如果我们通过多媒体进行演示，动态地展示出发音时口型的变化及舌位的变化，这要比老师一遍遍重复教，效果要好很多，这也为练就一口流利纯正的英语打下了坚实的基础。此外，在口语、阅读、写作等课程中，通过运用多媒体技术，将各种图片、图像或动画等素材制作成声情并茂的英语教学课件，让学生生动、直观地领悟英语语言文化的内涵和魅力，有助于学生理解和掌握教学内容。

现代教育技术应用到大学英语口语教学中，可以让学生自主学习并获取更多英语知识信息，改变了学生单纯从教材中获取英语知识的历史。学生可以通过网络课程教材、光盘教材、英语资源库以及一些英语教学网站自由地获取自己所需要的英语知识和信息，这些资源不仅开阔了学生的视野，还扩大了学生的英语信息容量，更有效地提高了学生的英语综合运用能力。

四、教育信息化在大学英语口语教学中的意义

首先，教学信息化能更好地实现语言教学的实用性意义。传统的大学英语口语教学只是将英语作为一种知识进行传播，而忽略了语言原本只是一种交际工具，从而忽略了英语的实用性意义，也难以培养学生学习英语的兴趣。而信息化的教学方式，利用多媒体等手段，能够更生动地展示出英语的魅力和在现实生活中的实用性，营造出英语学习的情境，在给学生输入知识的同时，使学生产生与之交流的兴趣，从而提高学生学习的自主性。

其次，教学信息化丰富了口语教学的授课形式，增强了教学效果。形式多样的信息化教学，将教与学进行结合，改变了学生被动学习的心理和模式，增强了师生之间、学生之间的交流与协作，有效地将抽象知识诉诸形象的声画形式，使生硬的知识性内容变得具体、生动，加深了学生学习的印象，从而提高了学生学习的效率，强化了教学效果。

传统的大学英语口语教学是一种单纯的传授形式，学生被动地接受知识。语言学习应注重运用能力的培养，被动地接受知识不利于启发学生的思维，实际运用语言的能力难以得到很好的提高，这并不利于英语教育的有效开展。在信息时代的今天，这样的教学方式只能使学习者学到一些基础性知识，不能培养适应时代需求的创造性人才，也不能有效实现语言学习的实用性。对语言教学进行改革，充分利用先进的信息技术，整合各种资源，实现教学信息化，对高校教育改革具有深刻的意义和影响。

第四节　信息化教育与大学英语课堂的深度融合

随着信息技术的发展，信息化已经渗透到我们的日常生活中。随着社会的进步，教育思想也与时俱进，不断更新。在现代教育思想、理论的指导下，将信息技术引入课堂，可以发掘优秀的教育资源，培养学生的发散性思维，从而提高学生的综合素质。随着信息化教学设备的引入，传统英语教学中的听、说、读、写也变得更加鲜活起来。

随着信息化教育深入课堂，教师开始利用信息手段对课本及教学材料进行填充和丰富，变二维为三维，使知识鲜活起来，同时从宽度到深度，对书本知识进行拓展。这样，不仅丰富和扩展了教学内容，更让学生在课堂内学到更多有趣的知识。

一、信息化教育与大学课堂深度融合的桥梁

随着经济水平的不断提高，信息科学技术的不断发展，当代大学生几乎人手一部智能手机。如果学校以教学信息设备作为一个信息终端，以学生手机作为另一个信息终端，就可以用信息技术连接两个终端。学校建立校园 APP，对于公开课进行录制，上传至官方平台，让学生在面对课堂知识记不住或者不能在短时间理解的情况时，利用官方平台复习这堂课的课程。例如，在英语课堂上，教师讲课的时候会将大部分内容展示在 PPT 中，但是遇到复杂的语法问题时，由于课堂时间有限，教师

在讲清语法及原理后，对 PPT 中的大量例句可能只会讲解比较具有代表性的语句，简洁的讲解对于学生来说可能就是匆匆而过，大学课程很难像高中课程一样事无巨细地进行讲解。运用互联网，教师可以将英语课堂视频和课堂知识要点上传，让他们能够预习或复习相关课程。"互联网+"日益渗透到我们的生活中，而且智能手机随身携带，方便快捷，学生可以随时随地地通过互联网进行学习。用信息设备将课堂与学生联系起来，快捷便利，从而使信息化教育与大学课堂深度融合。

二、信息化教育与大学课堂深度融合的领域

教育信息化的建设和资源开发会涉及教育环境、教育内容、教育管理等教育领域的各个方面。在推动信息化教育与大学课堂深度融合发展的过程中，教师需要不断地对整个教育体系进行信息化开发，让更多的人从中受益。如果信息化只局限于课堂，就无法帮助学生更好的学习。推动信息化教育与大学课堂的深度融合需要一个庞大的教育体系，如此才能加大融合的深度与宽度。在宏观的信息化教育体系之下，更多的优秀教育资源都可以在大学课堂上使用。相较于传统的教学方式，利用信息化教学，能够将更多的教育资源、丰富的知识引进课堂。以英语为例，教师在教授例句时，可以找到更多的视频或者音频展现这个例句，或者展示一个词语的多种用法及其在不同语句中的不同含义，等等。在拥有更多、更丰富的资源后，教师可以设计更丰富的课堂内容，同时也提高了课堂效率，优化了教学环境，对整个大学的课堂教学都有很大的推动作用。教学信息化在大学乃至中小学中得到普遍应用，而大学具有相对

较好的教学资源，更应完善教学体系的信息化，进而推动信息化教育与大学课堂的深度融合。

三、信息化教育与大学课堂深度融合的模式

教育信息化已经成为教育改革和发展的必然趋势，信息化的发展深刻地影响和改变着传统教育模式，推动着教育方式的革新。有人认为信息化教育利用先进的技术，大力推动了教育的发展；也有人认为，信息化教育的推进改变了教育的初衷，让单纯的知识传授变得更多样化。我们面对事物时需要进行辩证分析，任何事物都是有利有弊的。信息化在某种程度上确实与传统教育方式存在很多不同之处，但是"沉舟侧畔千帆过，病树前头万木春"，新的事物必将代替旧事物。信息化教育的发展是适应时代的，是在实践中产生并不断推进的。一件事物的推广绝非偶然，只有拥有广泛的群众基础，事物才能"流行"。教育信息化在社会实践的过程中被认可，取得效果，才得到被推广的机会。只有取得良好的教育效果，才能推动信息化教育与大学课堂的深度融合。面对教育信息化中存在的一些弊端，教师要正确面对，规避这些弊端。例如，教师在课堂中利用信息化连接互联网，在网络平台上布置作业或开展课堂测试，学生交完卷即可获得自己的成绩，得知自己在哪一方面有所欠缺，同时还降低了教师改卷的压力和改卷的出错率，也没有使用纸质试卷，更加节约、环保。

在大学中，学生需要自主学习与交流探究。将信息化教育引入大学课堂不仅仅是对英语，对其他学科也同样重要。越来越多的教学信息、

知识信息得到推广，以信息化作为平台，推动信息化教育与大学课堂深度融合将是教学的发展潮流和发展趋势。因此，就英语这门学科而言，让信息化教育与大学课堂深度融合，是加快中国英语高等教育向前发展的重要一步。

在信息化教学中，学生的学习方式由被动变为主动，教师将不再是课堂的主导者，学生会成为课堂的主体。教师应利用信息化平台，运用多种资源，构建宏观知识体系。教师在传授学生知识的同时，更重要的是引导学生学会自主学习和构建自我的知识体系，培养学生的自主学习能力、自我管理能力、创新能力和协调协作能力。借助信息化教学平台，教师也将从一个灌输者转变为一个引导者，注意力从"如何把众多内容讲完"转移到"如何让课堂更有活力"。

四、信息化教育与大学课堂深度融合的资源整合

教育作为社会主要的公共服务之一，教育资源不均衡的问题长期存在，且亟待解决。在中小学，教育资源差异化是一个巨大问题，山区教育与城市教育存在巨大差距，对社会公平是一个很大的考验，而教育信息化则可以尝试解决城市和山区这两个地区的教育差距，进而促进社会公平。不同的大学，教育资源仍存在差距，普通大学并不是都有能力和机会享有优质教育资源的。教育信息化改善了这一点，它将教育资源整合，让更多名师、名课进入互联网，更多的人即使不是学生也能学习，不断提升自己。可能一些学生在错失进入名校的机会后，却想要在大学发奋学习；一些曾经失去读书机会，现在已经工作但仍然渴望学习的人，

他们对知识的渴求仍然强烈，信息化平台也为他们提供了学习平台。教育信息化能够帮助这些人拥有更多机会去学习、去深造。这样的信息化平台能使更多人受益，毕竟在教育资源有限的情况下，信息化能促进共享资源的发展。在某种程度上，信息化就是促进教育资源整合并使教育趋于公平的重要手段。信息化教育与大学课堂深度融合，能够推动教育资源均衡发展和良性发展。

五、信息化教育与大学课堂深度融合的效果

信息化具有超快的反应速度和计算能力，出错率低，同时还可以提高效率。在课堂教学中，教师对于 PPT 投影仪等教育信息设备的使用，能节约其在黑板上板书的时间。例如英语课，不论是单词还是例句，教师可能需要大量板书，但利用信息化设备可以节约时间和资源，将更多的时间集中在知识的讲解上，而不是板书上。利用信息化平台可以融合多种教学资源，让英语课堂变得鲜活。一堂课能否吸引学生，教学内容是关键，优质的教学内容能促进学生更好的学习，信息化则可以推动教学内容的优化。在推动大学教育不断改革优化的过程中，加速教育信息化的进程，能让教育资源整合成为信息资源，让更多、更好的教育资源能在社会上发挥更大的价值，所以信息化教育与大学课堂深度融合已然成为教育发展的必由之路，让信息化教育深度融入大学课堂能够助推教育体系不断完善与发展。

随着经济科技的迅速发展，社会公平的日益推进，信息化教育只会越来越普遍，涉及范围和群体会越来越广泛。推动信息化教育与大学课

堂深度融合是当前大学课堂深入改革的重点，信息化教育在未来的教育发展过程中，将会扮演着重要角色。同时，信息化教育在社会主义文化强国的建设中发挥着重要的指导作用，也是推进教育改革发展的重要途径。教师应该将教育与信息纵向深度融合，让信息化走进课堂，推动课堂的深层次展开，让学生与课堂之间产生更紧密的联系。

第五节 信息化时代微课与大学英语教学

21世纪我国信息化水平不断提高，信息设备已经广泛应用于各行各业。英语是教育体系中的重要组成部分，大学英语教学主要以提高学生的英语应用能力为目标，在社会多元发展的形势下，英语能力成为了评价学生综合能力的重要指标，由此可以看出提高大学英语教学质量势在必行。微课是新型教育模式，是信息化技术应用于教学中的产物，微课使师生互动成为可能，既能够提高学生的学习兴趣，又能够缓解教师的教学压力，所以在新时期可以将微课应用于大学英语教学过程中，这有助于提高教学质量与效率。本节基于此背景简要分析了信息化时代微课应用于大学英语教学的必要性并提出了具体的应用策略，希望有效提高大学英语教学质量。

微课是信息化技术应用于教育过程的产物，微课使师生互动成为可能，应用微课进行大学英语教学，教师能够摆脱书本与教学框架的束缚。通过计算机设备播放教学课件或者视频，能够将抽象的内容变得立体直观，在此过程中教师也会根据教学中的重难点知识或者学生存在的疑难问题进行着重讲解。由于学生的注意力时间有限，教师可以根据学生的认知规律进行简短的讲解。因此，教师必须精心设计微课内容，精心构思教学框架，结合教材要求进行针对性反思，加强与学生之间的互动和交谈，提供丰富多元的教学资源和完整的学习环境，发挥微课的教学优势与作用。本节从以下几个方面分析微课应用于大学英语教学的必要性以及存在的教学问题，并提出相应的指导策略：

一、微课应用于大学英语教学的必要性

微课是信息技术发展的产物，将微课应用于大学英语教学，能够体现出师生共同进步，锐意进取的信心与决心。当前我国信息技术不断发展，已经广泛渗透到人们生活的各个角落，智能化信息技术的发展也进一步加剧了信息化技术的渗透。由于大部分学生倾向于电子商城阅览、互联网资料查询与在线交流等各类方式，生活与学习中的各类事物都显得趣味多样，然而传统的讲授式教学方式对于学生而言，缺乏吸引力，也难以调动学生的兴趣。由于高校英语课堂中学生常缺席、早退、迟到等，所以教师通常需要花费较多的时间组织学生听讲，但是教师在真正讲解知识的时候，学生难以提高注意力，导致课堂教学进度较慢，也难以激发学生的学习兴趣。应用微课教学模式能够对传统的教学方式进行突破与改良，进一步推动高校教育改革的可持续发展。由于大学生是我国社会主义事业的接班人，也是全面发展的中坚力量，有较为明确的个人理想与抱负，大学生存在个性化差异，所以传统的教学模式难以满足

学生的多元化学习需求，会挫伤学生的学习热情。因此，教师应当有效选用多元化教学模式，如应用微课能够使学生进行课前预习与课后复习，有助于满足学生的碎片化学习需求，有助于实现师生教学角色的转换，发挥学生的课堂主体作用，进一步提高学习效率。

二、微课应用于大学英语教学存在的问题

微课属于信息化技术，微课的开展需要足够的信息化设备，大部分学校虽然配备了多媒体教室，但是也有的学校由于经费原因并未全面覆盖多媒体教室，而且大学英语教学没有固定的教室，学生可能会在不同的教室内上课，所以如果多媒体设施配备不足，则会限制英语微课的有效开展。由于英语课程与其他课程有所不同，极为重视学生的听说能力，所以对于听说设备也有着更加严格的要求，但是根据调查显示，部分高校并没有为学生全面安排英语听说设备，如语音实验室或者视听设备，导致学生的英语学习水平参差不齐，学生的英语能力较弱。在传统教学理念下，虽然英语是必修课，但是课程时间安排较少，通常是一个学期下来，教师难以讲完一整本课程。微课是新型课堂教学模式，但是在我国的发展仍然处于起步阶段，部分英语教师难以全面掌握新型教学模式。虽然微课的教学时间较短，但是教师对于微课的教学设计需要花费较多的时间，而学生探讨也需要浪费一定的时间，导致课堂教学效率不高。教师必须要有效掌握微课内容，深入挖掘教材，才能凸显微课教学的优势与作用，所以教师的专业水平与综合素养也亟待提高，否则将会严重影响微课的教学准确度，难以与教学内容进行紧密契合，使学生无法在

预计时间内找到重难点知识，也降低了学生的自主学习效率与质量。

三、微课应用于大学英语教学的具体方法

（一）应用于课前预习

为了有效改善当前英语教学现状，提高学生的学习兴趣，教师可以将微课应用于课前预习全过程。微课在教学过程中能够有效突出教学重难点知识，如教师可以将下一节课所讲解的知识点进行精简提炼，可以将教学重难点知识以微课的形式录制下来，然后要求学生在碎片化时间进行复习和探讨；学生可以根据微课预习视频的引导，自主掌握教师即将教授的知识点，遇到不懂的问题，也可以与其他同学进行探讨和交流。通过良好的课前预习，学生能够有一个初步的思维框架，当教师讲解新课时，便能够与教师进行思维探讨，跟上教师的进度，这有助于提高学习效率与质量。

（二）应用于课堂指导

通过课前预习，学生会对预习内容有一个全面的了解，经过小组探讨交流，教师也能够了解学生存在的疑惑。在课堂教学过程中，教师可以针对全班学生存在的重点问题进行讲解。例如，教师可以应用微课内容，采用启发式或总结式教学模式进行引导与帮助；可以应用微课课前导入或者是课堂互动，提高学生的学习兴趣。在教学过程中，教师可以将微课视频在课堂上进行分享；教师也可以选取教学视频中的某一部分，对其进行更新或修改，使课堂教学形式更加灵活多样。教师在制作微视

频时可以收集网络上的公开视频，借鉴优秀内容，取其精华弃其糟粕，将微课视频控制在十分钟之内，应用于课堂讨论与分析，给学生一定的自我思考时间，提高学生的思维能力。

（三）应用于课后巩固

由于大部分学生并未掌握课后巩固方法，学生的学习存在一定的差异，难以跟随教师的思维进行课堂学习与互动，所以教师可以应用微课引导学生进行课后知识巩固。例如，教师可以播放微课视频，鼓励学生根据自己的学习情况进行重复播放，或者是暂停。教师也可以制作微课作业，要求学生根据视频指导进行学习。此时微课的内容应当包括总结性语句或形象讲解的重点内容，如难词的发音或者英语文本的难点分析，以及复杂语句的翻译方法，使学生在复习过程中遇到问题时可以查阅视频资料，提高复习效率与质量。

四、微课应用于大学英语教学应注意的问题

（一）精心选择教学内容，突出重难点知识

在教学过程中，教师应当正确认识微课教学模式，微课与传统的课堂教学或者是示范课教学有所不同，教师必须在有限的时间内突出教学重难点知识，所以教师必须深入了解教材内容，精巧地设计课题，切记不要面面俱到，不仅时间不允许，教学效果也会不好。例如，微课可以着重讲解某个单元的重点词汇，或者是文化知识背景，或者是场景中的对话策略，等等。

（二）快速切入教学主题，采用多元教学模式

教师可以选用多元化教学模式，但是微课时间有所限制，教师应当在短时间内快速地切入主题，切忌导入时间过长，否则会使学生失去学习欲望。如果教学内容过于空洞乏味，则会导致教学效果不好，所以教师应当确保教学内容与形式灵活多元。

（三）增强教学逻辑性与条理性，使学生掌握学习技巧

教师制作微课时必须认真选取各类教学资源，制作丰富多元的电子课件或者视频，加强教学课件间的逻辑性与关联性，使学生能够自主、清晰地整理出学习主线路。通过精心巧妙的设计使微课成为联系紧密的整体，有助于学生清楚地了解重点知识。

综上所述，我们能够看出在信息化时代，微课属于新型教育模式，将微课应用于大学英语教学中，有助于提高学生的学习兴趣，进一步增强课堂教学效果。在传统教学过程中，大部分教师习惯采用讲授式教学模式。由于大学阶段学生的思维活跃，具有较强的个性化意识，所以教师也应当扭转传统的教学观念，尊重学生学习的主体地位，使学生在微课视频的引导下，能够掌握自主预习与课后巩固的方法，切实发挥学生的主观能动性，提高学生的自主学习能力，减轻教师教学压力的同时，进一步构建高效英语课堂。

第六节　信息化与大学英语后续课程"个性化"教学

在教育信息化的背景下探讨大学英语后续课程"个性化"的教学体系符合社会和学生的需求，也是大学英语改革的方向。笔者根据学生和社会需求，结合英语教师专业方向和教学兴趣开设大学英语后续课程，集体备课设定课程目标和教学内容，确定教学资源和教学手段，遵循"以学生为中心"的教学理念，采用形成性评价和终结性评价相结合的手段，实施信息技术支持下"教师合作翻转课堂"授课模式。该教学实践促进了教师自我效能感，使课堂更有生命力，平衡了教与学的需求。

自2010年《国家中长期教育改革和发展规划纲要（2010—2020年）》（以下简称《规划纲要》）颁布以来，我国高等教育进入了发展的关键时期，而根据《规划纲要》所提出的目标要求，大学英语教学改革也在不断推进和深化之中。其中，最显著的特征就是"个性化"的大学英语教学体系和教育信息化。如王守仁和王海啸开展调查研究的530所院校中，有333所院校明确提出要根据院系或者学生需求开设不同的课程。所有班级采用"课堂面授+网络自主学习"教学模式的学校高达63.1%。因此，探讨大学英语基础课程外的后续课程建设，探索在教育信息化的背景下如何建立起"个性化"的大学英语课程体系，对大学英语改革具有十分重要的意义。

一、大学英语后续课程概述

早在 1978 年,杨惠中等人就提出"外语教学要结合语言的社会功能、要培养交际能力这一观念,促进所谓专用英语的教学与研究工作的开展"。而 1985 年教育部颁布的《大学英语教学大纲》中又提出了"分级教学"的概念。该大纲把大学英语教学阶段分成 6 级,1—4 级为基本要求,5—6 级为较高要求,并且明确指出"分级教学有利于因材施教、早出人才,同时也可以调动学生的积极性"。这些考虑到社会需求和学生发展的英语教学理念可以被看作大学英语后续课程的雏形。随着大学英语教学改革的不断深入,2007 年教育部明确提出:"各高等学校应根据实际情况,按照《大学英语课程教学要求》和本校的大学英语教学目标设计出各自的大学英语课程体系,将综合英语类、语言技能类、语言应用类、语言文化类等必修课程和选修课程有机结合,确保不同层次的学生在英语应用能力方面得到充分的训练和提高。"因此,为了满足"学生个性化的学习"和社会对高校毕业生"较强的英语实际应用能力"的要求,越来越多的高校开设了大学英语后续课程,以满足学生较高英语学习的需求。如华东交通大学实施了模块化大学英语后续课程,北京理工大学开设了 30 多门后续选修课程。综上,笔者将大学英语后续课程定义为,各高校在完成大学英语基础阶段(通用英语)的教学后,依据社会需求和学生兴趣开设的基于特定内容的大学英语课程,以作为大学英语应用提高阶段的课程。

二、信息化背景下开展大学英语后续课程"个性化"教学的要求

(一)"个性化"的大学英语课程内容

无论是大学英语的人文性与工具性之争,还是通用性与专业性之间的关系,体现的都是大学英语"教什么"的问题,即大学英语课程内容的设置问题。许多高校希望能结合院系专业特点和学生需求设计"个性化"的大学英语课程体系。如上海财经大学根据学校定位和特点开展了专门用途英语课程"商务英语沟通"。课程内容"定制化"和"多样化"是"个性化"的一种体现,但是同一内容,还得要适应不同水平的学生,要体现"分层教学"。因此,每个院校都有必要基于本校学生基础,根据各院系特点开设基于本校学生特点和发展水平的"个性化"大学英语后续课程。

(二)"个性化"的大学英语教学模式

2010 年国务院颁布《规划纲要》时,就对"加快教育信息化进程"这一改革任务做出了专门指示和要求。而《大学英语课程教学要求》也明确提出"各高等学校应充分利用现代信息技术,采用基于计算机和课堂的英语教学模式"。目前,现代信息技术与教育相结合的最普遍的产物就是"翻转课堂"教学模式。截至 2016 年 11 月 13 日,以"翻转课堂"为主题检索词在中国学术期刊网络出版总库搜索出文章 7169 篇。回顾翻转课堂研究,从 2013 年起,在"翻转热"的浪潮下,逐渐出现了理性

思考和本土化建构的声音,号召大家不要盲目照搬国外的教学模式,认为"本土化建构"才是"个性化"的重要体现。随着实践的深入,全国不同区域已探索出诸多"新"的教学模式,在这些"个性化"教学模式的应用过程中,教学中的各要素又被进行了全新的理解,如浙江广播电视大学开展了基于移动学习的O2O翻转课堂的应用研究,重庆师范大学开展了移动学习环境下微信支持的翻转课堂实践探究。

三、"个性化"大学英语后续课程的教学实践

(一)"个性化"课程的需求调查

为了建设"个性化"的大学英语后续课程体系,笔者所在的教学团队针对 2013 级已经完成大一基础英语阶段学习的大二学生进行了一项"大学英语后续课程需求"的问卷调查。调查内容主要涉及学生对于外语能力的自我认知及目标追求、用人单位对学生英语能力的要求等方面。其中,有一项数据引起了我们的高度注意,即学生们对于听、说、读、写、译这 5 种技能的需求。调查表明,选择口语和听力是"最需要发展的技能"的人数大大高于其他三项(阅读、写作、翻译),高达 84.06%。鉴于此,我们结合院系要求,于 2015 年 1 月至 2015 年 7 月为 2013 级经贸学院的学生专门设置了"商务英语"和"高级英语视听说"(以下简称"视听")两门大学英语后续课程。

(二)"个性化"课程教学设置

本次大学英语后续课程是针对经贸学院已经完成英语基础阶段学习

的大二学生实施的模块化教学，最大的创新在于打破传统按专业班级教学的设置，转而以课程为主线，每位教师负责一个课程模块，让学生根据自己的兴趣选择课程。授课模式由传统的一名教师教一门课的模式转变为信息技术支持下的"教师合作翻转课堂模式"。首先，我们把大学英语 IV 设为 2013 级经贸学院学生的必修课，"视听"和"商务英语"两门课程设为供学生选修的后续课程，这两门课程由 4 位教师合作打磨，每门课程包含 4 个模块，由 4 位教师分别执教。以"视听"课程为例，这门课程分为"高级综合""广东文化""英美电影赏析""演讲的艺术"4 个模块，每位任课教师负责一个模块（模块之间内容相互联系）。然后把选择了"视听"的学生分成 4 个班级。每位任课教师携带自己的模块每周上 4 个学时的后续课，每 4 周换一个班级。在课程正式实施的前一个学期，4 个模块的教师要先进行第一轮合作备课。在正式实施期间附设第二轮备课，采用一周一次的合作备课来商议是否要根据授课情况对每个模块中的学习目标、学习资源、学习活动、评价方式进行调整，以达到 4 个模块的统一。为减少讨论、协商时的困难，本次教学借助了信息技术的优势。一方面，打破了时间和空间的阻碍，第一轮备课采用"面谈+线上"会议的方式，第二轮备课采用线上、线下会议相结合的方式，大大提高教师参与度的同时，也快速提高了备课的质量；另一方面，满足学生的个性化学习需求，在课程教学时采用翻转课堂的教学模式，让学生充分利用信息技术设备和资源先完成自主学习，然后将自主学习与课堂上的教师指导相结合。第一轮备课充分保证了授课质量，第二轮合作备课和教学反思紧密联系，达到了改善和促进下一阶段教学的目的。

（三）"个性化"课程教学的推进

1. 课程目标问题

通过教学目标和课程大纲来约束和指引教师的教学工作。开学之初，我们在 Moodle 平台上发布课程大纲、教学进度和各阶段的具体任务，让学生提前明确学习的方向和目标。从设计层面将每个模块的教学目标都指向"视听"这门课程的总目标，有效避免由于分设 4 个模块而造成教学目标不集中、教学内容混乱的负面效应。

2. 教学内容问题

为每个模块设置参考书目，根据教学目标和班级学生的实际水平选择和调整教学内容，重视生成性资源和符合时代气息、学生喜爱、质量高的网络教学资源，解决了"视听"没有相应教材、内容不确定的问题。

3. 教学活动问题

教师重视教学活动的选择和组织，合理设计教学中的目标、内容资源、师生、环境等因素，关注学生学习兴趣的保持、技能的提高以及思维品质的提升。在教学活动的设计方面，信息技术为增强活动的丰富性和互动性做出了重要贡献，也更加凸显了学习的"个性化"。如在笔者教授的"演讲的艺术"模块的实施过程中，第二周的内容是演讲稿的准备，教师先在平台上发布 2009 年奥巴马的开学演讲视频，学生需要自己课外观看视频和参考其他相关资料，总结出奥巴马在这次演讲中所采用的开篇方式和结尾方式。在课堂上，教师先把学生总结的开篇方式和结尾方式投放在大屏幕上，然后让学生用"微弹幕"以头脑风暴的方式来考虑还有哪些开篇方式和结尾方式。接下来，学生按组在tower（网上办公室软件）上讨论研究，根据第一周确定的主题和支撑材料，找出一个最适合该主题表达的开篇方式和结尾方式。最后，用"微信大屏幕"分享几个代表组的作业。课外学生可以用"微弹幕"的方式发表自己的观点。由于前期对课程目标、内容、资源、活动和评估手段做了充分的准备，教师在授课环节的任务相对轻松，并且自然地从"领导者"过渡到"引导者"。通过信息技术手段让每一个学生都有了发言的机会，课堂不再是教师的"一言堂"，充分体现了"以学生为中心"的教学理念。

4.教学评价问题

教师通过讨论形成一个有效的评价学生成绩的评价量表，且对学生进行了形成性评价。在第一轮备课结束后决定，对学生的"视听"课程实施形成性评价，成绩比例分布如下：期中考试占10%，口语考试占10%，学习历程档案占80%。其中，学习历程档案分为个人课堂表现和课程作业（50%）、小组课堂表现和课程作业（30%）两个部分。平时成绩和期末考试成绩五五分。在整个教学过程中，我们为每一位学生建立了学习历程档案，一方面是他们为自己及同伴学习搭建的"脚手架"，另一方面也方便教师对学生进行管理（尤其由于"教师合作"模式中4周一轮换的原因，教师对学生的信息不够了解，而通过电子学档就可以解决这一问题）。

四、对大学英语后续课程实施的反思

（一）积极方面

1.提升了教师的自我效能感

班杜拉的"自我效能感"启示教师，当确信自己有能力影响学生的学习行为和成绩的时候，他们就会产生高度的"自我效能感"，并会努力实施教学。传统授课模式中，教师独自备课和上课，心理负担和任务量繁重，而且不能满足不同学生的需求。久而久之，当倦怠期来临，教师们甚至会怀疑自己的教学能力。而实施"教师合作翻转课堂"模式，第一轮上完之后教师可以有充分的时间和精力去了解学生和反思修订教案。每周一次的教师团队合作备课，教师们不再无精打采，而是兴高采烈地与团队的其他教师们分享，从他们那里获得意见和支持。加之教师选择的课程是自己感兴趣和擅长的内容，积极性被调动起来，能够从容地对教学目标及教学手段进行修订，并且能够在下一轮的授课中对其进行实施，主动性被完全激发。而在传统的教学模式中，即便教师有时间和精力去反思，也至少是一个学期之后。而对于"大学英语"课程则通常是两年之后才能去实施改进的措施，受时间的限制，其效果可想而知。4周一轮换使得教师能及时改进策略并能从不同班级学生那里看到改进后的教学策略的效果，这再一次提升了教师们的自我效能感，从而使教与学进入良性循环。

2.平衡了教与学的供求关系

教与学之间供不应求的形势一直都在影响我国大学英语教学改革的进程。"翻转课堂"让教师从讲台上走下来，使学生变为学习的主人。而教师合作备课不仅解决了教师备课量过大、负担过重而草草备课的问题，同时也可以令教师们有时间更新教学资源，开发更多的高质量课程。"教师合作翻转课堂"教学模式从教师不足和课程不足两个方面平衡了教与学的供求关系。

3.促进了生生、师生交流

在"教师合作翻转课堂"模式中，首先把学生分为完成了基础阶段英语学习和未完成基础阶段英语学习两个部分。然后，由学生选课，一个自然班的学生被分在不同阶段、不同模块里上课，由不同的教师教授不同的内容。一方面，达到了分层教学的目的。另一个方面，Moodle 平台也为学生之间、教师之间以及学生与教师之间的交流提供了场所。大学教师不再是带着教材出入教室的陌生人。通过访谈，我们了解到大部分学生都愿意参与在线平台讨论，他们在那里互相学习、交流学习体验和情感。在"教师合作翻转课堂"模式中，教师线上和学生互动频繁，教师走下讲台，将更多的时间交给学生，走到学生身边进行引导和交流，跟他们一起完成学习任务。课后某学生说："我就觉得你不像老师，像个朋友，我什么都想和你分享。"还有学生说："我觉得老师不是老师，更像一个战壕的战友。"

4.学生在课堂上的表现更有生命力

"教师合作翻转课堂"模式既让学生接触到不同的教师,体验不同的授课风格,又让学生动手动脑,运用现代信息技术解决问题。丰富的学习内容以及多元的表达方式让学生在课堂上的表现较之传统课堂更为活跃。由于课堂中的每场活动都经由教学团队中的教师集体创设,活动的趣味性、知识性、挑战性和创新性更是让课堂参与度大大提高。学生越来越主动参与课堂,他们在课堂上的表现也更有生命力。

(二) 需要改进的地方

教学资源的丰富性、教学活动的趣味性和挑战性全面体现了教师的专业能力,教育信息化背景下的教学不仅需要教师具备丰富的专业知识和扎实的教学基本功,更需要教师能够掌握技术教育的方法。这学期在开设两门后续课程"商务英语"和"视听"的过程中,2个备课团队的8名教师都是之前开设过相关课程的教师,对于彼此的课程内容非常熟悉,在此基础之上能够产生较为深度的合作。个性化教学持续推进需要教师根据兴趣开设数量更多、质量更高的系列课程,但是从现实情况来看,师资数量、质量是不够的,不可能每门课程都有与教师兴趣相契合的模块。基于此,教师还需要进一步接受培训、进修或自学,从源头上保障课程质量。除此之外,开展个性化教学要求提升全体教师的信息素养,开阔教师的眼界,提高教师的技能。通过本次教学实践可知,教师对信息技术的利用是充满兴趣的,但是由于教务繁忙,他们对信息技术的了解和运用还远远不够,如清华大学研制的"雨课堂""微信大屏幕""UMU互动"等软件在提高课堂互动效果上起到了很大的作用,但是很多教师都还没有听说过。因此，为教师推荐合适的软件平台，并激励他们积极使用，增强信息技术应用意识，应纳入学校的下一步工作计划。

完善的大学英语后续课程建设应该包括大学英语后续课程的课程设置、实施模式、师资建设、教学资源建设和管理、教学评价和管理体系等，此次实践仅涉及课程设置、实施模式两个方面。如何在信息化背景下借助现代媒体技术的优势，促进"个性化"大学英语课程体系的建设，值得我们在以后的研究中进行更加深入、细致的探讨。

第六章 现代信息技术与英语教学模式

第一节 基于信息技术的大学英语动态分层教学模式

随着新课改的不断推行,信息技术与高等院校教学的联合应用越来越普及。信息技术为大学英语教学模式提供更多的机遇,再加上与动态分层教学模式的联合应用,可以提升大学英语的教学效果和教学效率,对我国大学英语教学模式的改革和创新具有重大的意义。

一、动态分层教学模式的概念及原理

动态分层教学模式就是以学生的学习情况、性格特征及学习能力为基础,将学生分成两个或多个英语水平差异较小的群体,然后英语教师

根据群体中学生的英语学习能力布置教学任务，并以成绩为参照标准对学生进行科学的评价。这种教学模式能够满足学生的各项需求，让学生在英语学习中获得更多机会，提升学生对知识点的理解能力。动态分层教学模式主要将教学分为两种教学层次，分别是显性教学层次和隐性教学层次。显性教学层次是以某个公开的标准进行排序并开展教学的，没有班级的限制。而隐性教学层次主要开展于班级教学中，有助于教师开展个性化教学。在信息技术的支持下，大学英语分层教学已经呈现了一种新的教学趋势，弥补了传统教学模式的不足，最大程度地减少学生差异化对教学质量的影响。

动态分层教学模式的原理主要有三个：一是成败原理。俗话说：不论黑猫还是白猫，能抓耗子的就是好猫。这种理论同样适用于高等院校的教育事业中，当学生成功处理难度较大的问题后，往往会期待对难度更大的问题进行探究；当学生长时间找不到问题的解决方案时，就会失去信心，继而产生较强烈的厌学现象。二是因材施教。我国著名的教育学家和思想学家孔子和韩愈曾主张对学生进行针对性教学，即因材施教。这种教学原理可以鉴别学生的综合素养，有计划、有目的地开展教学活动，继而提升大学的教学质量。教师在教学过程中，不能以同一个标准要求个体差异较大的学生，要根据学生的能力和学习情况开展教学计划，这也成为我国现阶段高等院校教学改革的重点要求。三是以人为本。传统的教学模式多以"填鸭式"教学为主，过于突出教师的教学地位，忽视了学生是教学中的主体。动态分层教学模式正好可以弥补传统教学模式的不足，将主体地位交还给学生，教学开展的所有活动都以学生为原点，激活学生的主动性。教师在教学过程中，应该以观察者的身份监督学生的学习状态，满足学生对教学的个性化需求；深度挖掘学生的学习潜能，对学生三观的形成进行正确的引导，以科学的手段提升学生学习大学英语的积极性，并锻炼学生的创造能力和思维能力。

二、大学英语在信息技术环境下的动态分层教学探究

（一）大学英语动态分层教学模式与信息技术融合的必要性

在信息技术构建的环境下，大学英语教学模式不断完善和突破，不再以教师的纯板书讲授为主，形成了新的教学模式。这种教学模式以信息技术为支撑，将枯燥、无味的教学知识以多样化的形式展现出来，如图片、文字、声音和录像等，为学生创造了一个良好的学习环境，增加了语境的真实感，吸引了学生的注意力，提升了学生对大学英语的学习兴趣。信息技术和动态分层教学模式的融合，丰富了大学英语"听、说、读、写"四个主要模块的教学资源，为教师的多样化教学提供了便利。例如，教师在开展听力教学时，可供学习的听力材料有《大学生体验式英语教材》《新概念大学英语教材》《大学英语听说训练教材》等，增加了教师的选择难度。将动态分层教学模式加入听力教学后，教师可以根据学生近期的听力成绩，在信息技术环境下根据推荐选择适合学生学习的听力教材。学生根据自己的学习兴趣选择适合的学习资源，最大程度地开发自身的听力潜能。而且，信息技术可以为教师提供一个管理学生

学习情况的平台，方便教师根据学生的学习现状建立档案并更新，为后期开展评价奠定基础。

（二）教学内容的动态分层

教师需要"吃透"现有的大学英语教材，以教学大纲为辅助制定各个层面的教学目标，再将教材中的主要内容进行动态分层教学。例如，当教师开展听力教学时，学校提供的教材为《大学英语听说训练》（第三版）。这本书中的听力训练内容安排比较科学，难度由浅到深。每个单元都由技巧练习、语言练习、口语练习和听力延伸训练四个模块组成：其中技巧练习涉及的内容较简单，包含两个模块，可以分别对学生的听力技巧和交际口语进行训练；语言练习需要学生对两个篇幅较短的文章进行理解，锻炼学生对知识点的掌控能力；口语练习是以上述文章的内容和日常交际用语为基础开展的；听力延伸训练是难度较大的课堂听力练习。教师在应用这个教材开展课堂听力训练时，需要以学生的学习能力为基础进行分层式动态教学，以成绩为参考标准将学生分为A、B、C三个层次。对于英语基础较差且学习能力较差的A组学生应该要求其完成技巧练习和语言练习，将口语练习作为延伸教学内容；对于英语基础一般且学习能力一般的B组学生应该要求其完成前三项练习，将听力延伸训练作为延伸教学内容；对于英语基础较好且学习能力较强的C组同学应该要求其完成四项练习。长此以往下去，A组同学积累的基础知识点越来越多，当其能够自主完成口语练习的相关训练内容时，即可升为B组成员。而且教师需要在信息技术环境下开展上述四部分教学活动，最大限度地激发学生的学习潜能，将复杂的语法知识以多种多样的形式刻画在学生的头脑中。学生在阶段性学习的过程中，获得极大的满足感，英语综合应用能力得到极大提高。

（三）以学生为主体的动态分层

上面已经举例对学生的动态分层进行说明，就是根据学生的能力水平和学习需求进行分层教学。但这种分层模式并不是一直不变的，需要教师定期进行考核，不断调整各个教学层次中的人员。需要注意的是，由于大学生的荣辱心、攀比心较强，教师应尽可能地弱化这种层次编排，只将其作为自身教学时的参考标准，不要在班级中大肆宣扬。这不仅可以保障教师正常的教学，还可以对学生形成一种特殊的保护，防止大学生出现"破罐子破摔"的不理智学习行为。

（四）作业布置的动态分层

作业的完成情况是教师评判学生学习情况的重要参考标准，也可以对学生学习到的知识点进行巩固和训练。因此，教师在开展动态分层作业布置时需要利用信息技术中丰富的教学资源，提升教师的教学质量和教学效率。例如，在开展大学英语写作训练时，教师可以以"春天"为主体，根据学生的学习层次，以信息技术为写作环境，布置相应的写作训练作业。学生在完成写作后，发送邮件到老师的邮箱中，提升老师的批改效率。

（五）评价机制的动态分层

评价机制在大学英语教学中占有非常重要的位置，它既可以让学生在相互交流评价中改良自身的缺点,还可以为学生学习大学英语获取新的思路。通常分为两种评价形式:一是形成性评价机制,需要参考学生的课堂状态、出勤情况及作业分数等,综合性较强;二是终结性评价机制,以学生的考试成绩为主。其中第一种评价机制常应用于大学英语教学过程中。例如,在对学生的作文进行批改时,教师在信息技术环境下让同层次的学生进行无定向相互批改,并让学生根据评价建议完善作文,实现共同进步的理想化教学。

综上所述,想要大学英语取得理想的教学成绩,就必须以学生的实际情况和教学进度作为基础开展动态分层教学,创新教学模式,并以信息技术为辅助,提升大学英语与学生、老师的需求契合度。但在开展隐性分层教学时不宜让学生知晓,防止学生出现自卑心理,弱化教学效果。

第二节　信息技术支撑下的大学英语课堂互动模式

信息技术的快速发展为现代课堂教育互动模式的变革和创新提供了机遇,顺应了教学改革的要求,符合科技全球化形势对人才全方面培养的需求。本节将重点探索信息技术支撑下如何增强大学英语课堂互动教学效果,提高学生的学习兴趣。

一、信息技术对大学英语课堂互动的作用

随着互联网以及科学技术的发展,越来越多的大学英语课堂教学模式走进大学校园,这对于促进大学英语教学改革有着非常重要的作用。信息技术的发展带动我们进入了"信息时代",这不仅改变了我们生活和学习的方式,同时还给教育领域带来很大的发展机遇。信息是我们时时刻刻都在接触的资源,而如何将这些资源合理地应用到大学英语课堂互动环节,这是个值得深入研究的问题。

信息技术能够打破传统的大学英语教学模式,能够极大地促进大学英语课堂互动环节的发展。由于学生自身性格以及授课教师授课方式的不合理,大学英语课堂互动环节往往被忽视。而互动是个非常重要的、能够促进师生之间交流的环节,所以应该重视信息技术在大学英语课堂互动环节的作用。信息技术支撑下的课堂互动能够将文本、图像、视频以及动画等工具合理地结合起来,从而最大化地实现师生在课堂上的互动效果。尤其是网络信息技术的快速发展,促使教师和学生互动不再受时间和空间的限制,可以随时随地地进行沟通交流,为学生自主学习提供了更多便利。新的交流互动模式也使学习内容更灵活,实用性更强,知识的趣味性和科学性相结合,大大提高了学生的学生兴趣,英语不再是一门应付考试的功课,而变成了学生交流和沟通的一种语言,使学生们的学习态度大大改观。

二、信息技术支撑下的大学英语课堂互动模式

信息技术支撑下的大学英语课堂互动模式要充分利用先进技术，改变课堂教学模式，突破课堂教学的单一、死板，使课堂互动变得灵活，促进师生、生生之间的交流合作。教师应主要从以下几个方面进行大学英语课堂互动模式的创新：

（1）教学方式灵活多变，突出个性化。运用先进的信息技术，可以方便学生根据自身的特点和认知规律进行自主学习，并可突出教学内容的个性化和多样化。利用多媒体的交互性，教师可以改变教学模式，制定好教学目标，将计算机作为教学工具，设计综合性较强的任务活动，让学生充分参与其中，给予学生分组学习和自主学习的机会，鼓励学生自主交流，从语境、语义、环境模拟等方面提高英语水平。还可以利用计算机进行人机交互练习，更能方便学生进行自主学习。学生根据自己的学习进度和知识掌握程度，完成学习目标，自己掌握学习进程，不受时间和空间的影响，方便自身查漏补缺。

（2）通过利用信息技术，达到大学英语课堂教学环境模拟的情境化，提高学习效率。情境教学是大学英语课堂互动常用的一种有效的教学模式，通过情境模拟和情境演练等，帮助学生理解抽象概念、提高口语表达能力和学习兴趣。教师可通过多媒体信息技术模拟有趣的声音、展现生动的画面和创造仿真声音等，使教学情境更加真实，使学生的记忆更加深刻，寓教于乐，达到良好的教学效果。

（3）丰富的网络教学资源使课堂互动教学突破时间和空间的限制，促使教学媒介的多样化。学生可以通过网络教室、多媒体互动平台以及

自媒体平台等多种媒介，进行师生、生生互动交流。学生可以利用互联网查阅英语资料和文献、练习口语、提高阅读能力，还可以通过网上交流、影音资料、视听学习等与更多的英语学习者和爱好者进行交流和讨论，将英语学习当成乐趣。教师也可以利用自媒体等开设交流群和互动空间，打破学习的时间与空间限制，使学生交流和学习可以随时随地进行，教师也可以随时给予学生指导，帮助学习解决难题，增强学习效果。

（4）考核方式和评价体系的人性化。信息技术的广泛应用，改变了传统的考核模式，为教师对学生进行一对一考核提供了方便，同时教师可以对每个学生进行及时评价，帮助学生找出学习的不足，掌握学生的学习进度和状态，及时帮助学生调整学习态度和方式。同时还可以实现学生之间、教师之间、师生之间的网上互评，通过互联网大数据分析等，了解学生的局部和整体状态，使教学评价更加客观，也为英语课程教学改革提供了依据。

信息技术支撑下的大学英语课堂互动模式对于提高大学英语课堂教学质量、唤醒学生听课热情具有十分重要的意义。对该过程进行研究不仅能够让人们能够更清楚地认识到信息技术对大学英语课堂互动环节的重要性，而且还能够为进一步完善该过程提供理论指导。

第三节　信息技术环境下的英语专业笔译教学模式

一、传统英语专业笔译教学存在的问题

总的来看，传统笔译教学主要存在以下几个突出问题：

第一，认知误区。目前有些教师和学生对笔译教学仍存在一些认知上的不足。一方面，有些翻译教师认为语言能力的培养不属于翻译课的教学目标，翻译教师只负责翻译教学，不负责教学翻译（即通过翻译学习语言）；另一方面，学生对翻译课存在不合理的预期，以为只要在课堂上学习一些翻译技巧，就能成为合格的翻译者。

第二，课程设置不合理。整体上，笔译课程设置薄弱，课型单一，课时偏少。由于师资、课程认知、课程设置等诸方面原因，很多高校要么只开设一个学期的笔译课程，要么将笔译与口译或其它翻译课程混合起来教学。这就使得笔译教学时间非常有限，学生缺乏足够的翻译实践训练来进一步提升翻译理论和技巧，也不能对翻译课程有一个系统的认识。

第三，教学模式单一。课程设置不合理进一步造成翻译教学的单一性，具体表现为教材单一、教学方法单一和测试手段单一。在教材方面，笔译教材建设明显滞后，难以满足和适应当今社会对翻译的需求。在教学方法方面，大部分高校笔译课堂仍遵循传统的教学方法，即教师讲解—学生练习—教师批改—课堂讲评。教师往往指定一本出版物为教材，辅以自选材料或翻译练习。在测试手段上，无论是测试题型、考试内容，

还是评分方式也呈现单一性,这也不能客观地考评学生真实的翻译水平和能力。

第四,教学互动不足。传统笔译课堂的社会界限明确,教师是课堂的指挥者和操纵者,而学生只是被动的参与者和知识接受者。在这种角色模式中,作为学生学习活动的唯一评判者,教师自始至终占主导地位。学生间、师生间的互动通常是在练习完成之后,由教师讲评。这使得学生之间很难进行适时的交流和互相学习,教师也无法了解学生在表达过程中所遇到的困难,并提供适时的帮助。

二、信息技术环境下英语专业笔译教学模式的构建

第一,树立正确的教学目标。杨柳认为,信息素养应是信息化翻译教学的终极目标。所谓信息素养,是指运用现代信息技术检索、分析、选择、加工、利用、创造和传递翻译信息,提高翻译能力,解决翻译实际问题,从而提高个人素养的能力。

PACTE 研究组成员 Allison Beeby 提出了在翻译教学中发展翻译能力的四个主要目标,即培养学生的转换能力、培养学生的语言对比能力、培养学生的语篇对比能力、培养学生的非语言能力。冯全功则认为,翻译能力是一个动态发展的概念,并提出职业能力的概念。他认为,职业翻译能力由历时翻译能力和共时翻译能力两部分组成。其中历时翻译能力是基础性组成部分,具体包括双语知识、文化知识、风格知识和认知能力;而共时翻译能力则是区别性组成部分,主要指在新的社会翻译环境中职业译者所需掌握的能力或必备的素养,如专业领域知识、职业知

识、实用翻译理论（技巧）知识、翻译工具（软件）运用能力、信息检索能力、文献编辑能力、基本管理能力、自我评估能力、快速学习能力、团队合作精神、生理—心理承受能力等。Kiraly 认为，翻译能力是指一种"复杂、高度个体化、社会化的进程，由文化、认知以及直觉相互作用形成"。因而，除了基本的翻译技能，信息化笔译教学应注重发展学生的学习能力和学习主体性，具体来说，应以培养学生运用现代信息技术进行检索、分析、选择、存储、利用、创造和传递翻译信息，解决翻译实际问题的能力作为教学目标。

第二吧，师生互动、生生互动、人机互动的多维教学环境。杨柳指出，以现代信息技术为支持的多媒体教室、校园局域网或因特网等教学环境具有开放、虚拟和跨越时空的特征，可使丰富的教学资源立体、生动地展现给学生，营造仿真社会情境，并将师生互动、生生互动延伸至课堂外。

不同于传统翻译教学模式，信息化笔译教学模式的显著特征之一是营造了信息化教学环境，并强调学习群体性和交互性。信息技术的应用有利于形成交互的学习氛围，从而实现教师与学生、学生与学生以及人机之间的信息交流。一方面，在信息技术支持下，教师可以充分发挥教具优势，直观、生动地展示和讲解课堂内容；可以随时进行交流，关注学生的整个翻译过程，有目的地引导交流活动，并针对学生在翻译过程中遇到的问题和困难给予及时的帮助指导；可以随时调出学生的译文进行交流展示，使学生获得成功的体验，并激发其学习动机。另一方面，网络环境的自主、互动式学习氛围有利于学生间的互动，学生可以在网上进行交叉式和自由式的交流合作，如相互发送邮件、聊天等，学生也可以在对方允许的情况下相互调看作业。由于每个学生的认知结构和认知水平不同，学生间的合作互动既能实现相互启发、相互补充，减少学习中的困难，又能增加人际情感交流，激发学生的学习兴趣。可见，信息化笔译教学模式使学生在多媒体的帮助下成为一个或若干个翻译群体，从而有助于翻译知识和技巧的内化，既能有效激发学生学习翻译的兴趣和潜力，又能使学生更深刻地融入翻译实践中，并真正提升翻译能力。

第三，教学内容的转变。知名翻译学者 Douglas Robunson 形象地把当代译者比作电子人，强调今天的翻译无法脱离电脑及网络。因此，除了传统的教学内容，教师应使学生熟练掌握机器翻译软件和网站系统（即计算机辅助翻译，CAT）。与传统的纸质翻译工具相比，自学、记忆功能以及强大的语料库功能都是翻译软件不可比拟的优势，如金山词霸和金山快译、雅信 CATS、中国在线翻译网、华建翻译网、Babylon Pro 翻译家、Web Translator 网页翻译家、Magic Translator 翻译魔法师等翻译软件和网络。同时，双语平行语料库和检索工具也是翻译实践中的重要工作平台。它不仅为某一检索词或短语以及常用结构提供丰富多彩的双语对译样例，也提供了丰富的、可随机提取的一本多译的对照参考。与传统教科书和工具书相比，平行语料库的语料内容广、语料新、语境丰富，而且检索功能强大，有助于揭示双语转换复杂而丰富的对应关系，从而提高学生的语言表达能力，促进语言学习的内化。

因此，在翻译教学活动中，教师应鼓励学生利用机器翻译软件、机器翻译网站、双语平行语料库等工具进行自主学习，如可向学生介绍利用网络资源开展口、笔译前背景知识检索和语用实例以及双语词汇收集工作，也可引导学生课下利用网络搜寻与学习内容相关的翻译材料，进行英汉互译，并组织相互交流与评价。这不仅能增强教学内容的丰富性和趣味性，还可达到提高教学效率和教学水平的目的，也为学生未来从事真正的翻译实践活动做好准备。

第四，教学方式从以教师为中心转向以学生为中心。从教师中心向学生中心转变是翻译教学的发展趋势之一，而信息技术的发展则加速了这一趋势，从而逐渐构建"教师主导—学生主体"的新型教与学方式。在信息化笔译教学模式中，教师由知识的单向传授者和学生表现的唯一评判者变为学习过程的设计者、协作者、参与者和诊断者，其主导作用主要体现在分析教学需求、确定教学目标、创建教学情境、进行学生分组、课堂讲授、总结评析，从而有效激发学生的学习动机，使其进行自主、协作、探究式的学习。传统笔译课堂教学受学习时间、学习空间、学习资源等诸多因素的限制，学生缺乏学习自主权。而基于计算机和多媒体网络的笔译教学却以信息资源库和虚拟化教学环境为依托，具有信息丰富、时空灵活、覆盖面广、信息可保存等显著特点。

因而，自主学习成为信息化笔译教学模式的重要组成部分。教师在利用现代信息化手段设计教学资源、任务和环境等教学要素时，应注重培养学生的自主学习能力。自主学习具有学习内容的可选择性、学习方法的多元性、学习资源的丰富性等特点，它在调动学生的学习主动性以及挖掘和发挥学生潜能方面具有明显优势。但同时还需要认识到，自主学习与课堂教学并不矛盾，它既是现代课堂学习的一种形式，又是课堂教学的必要补充。学生在自主学习中具有选择学习内容的自主权，这并不意味着选择的随意性，学习内容应服务于学习目标的实现，要在老师的指导和建议下进行。这一新型教学模式对教师素质的要求也相应提高。教师不仅要具备较高的专业翻译知识和技能，还要精通信息技术的运用，更需要吸收现代教育的新理念。

第四，教学测评。作为检验教学质量的重要途径，测试是教学过程的有机组成部分。传统笔译测试方法采用单一的汉译英、英译汉测试，无法真实、全面地反映整个教学过程和效果。这种翻译评价往往受诸多译文以外因素的影响，如教师的主观判断、经验水平、态度、心情、疲劳程度及时间限制等。然而，以信息网络技术为依托的翻译测评则可在一定程度上消除翻译反馈主观性强的弊端。穆雷指出，科学的翻译测试特征之一是合理评分，尽量使用机辅评分系统。

除译文测评外，网络还可用于学习过程的评价，改变传统的单一终结性教学评价体系，促进形成性考核机制的建立和实施。形成性评价是指依据学生课内外学习活动记录进行评价，包括自评、学生互评、教师评价和小组评价等。由于网络能提供各种智能化的评价方式，学生可随时检测自己的学习情况，教师也能更直观、系统地记录每个学生的课内外翻译学习行为，包括自学、自测、译文发布、讨论、修改、学习进步和困难等，形成个人学习档案。可见，网络环境下的检测不仅能由学生自己掌握，从而有助于消除学生的考试焦虑，而且网络检测的非人性化特征也避免了教师评价的主观性。

面对21世纪这个高度信息化的时代，笔译在翻译内容、翻译过程和翻译方法上都不可避免地采用信息科学和信息技术。信息技术环境下的笔译教学模式的构建不仅实现了现代教学所倡导的以学生为中心,提高学生自主学习能力的教学理念,还为学生创造了更为自由的学习氛围和发展空间,同时也为教师的个性化教学提供了极大的支持。总的来说,在信息化笔译教学模式下,学生通过计算机网络和多媒体技术处理的信息资源库,建立自己的学习平台,在教师的指导下完成学习任务,扩展知识结构。这一自主、互动的教学模式不仅能激发学生的学习主动性,也有利于培养他们主动获取信息和分析问题、解决问题的能力,从而培养出真正适应信息化社会的高层次、应用型、职业化笔译人才。

第四节 基于现代信息技术的大学英语"多元互动"教学模式

在世界经济一体化的时代背景下,我国在贸易、经济和政治方面与国际日益接轨,目前,我国社会迫切需要具有高素质和高水准的综合性人才,培养学生的外语运用能力成为高等院校的关键任务。教学大纲对英语课堂教学提出了新的要求,教师需要将学生语言综合运用能力的培养作为首要教学目标。若要加强对学生英语应用能力的培养,教师需要转变教学观念,从传统的"以教师为中心"转变为"以学生为中心",将学生作为教学主体,构建多元互动英语教学模式。

一、大学英语教学模式的"多元互动"性原则

（一）主体性原则

"多元互动"教学模式是师生之间建立的相互作用关系，在此教学模式之下，教师与学生均为课堂的主体，其中教师为课堂中教的主体，而学生则为学的主体。多元互动教学模式将教师与学生并列为教学课堂的主体，在强调学生主体作用的同时也提到了教师的主导作用。教师作为教学实践中的一员，须最大化地发挥英语教学的作用，认识到学生的个体化特征，充分培养学生的思维能力和创造能力。

（二）互动性原则

互动可分为显性互动和隐性互动，其中隐性互动又可细分为多种互动，在英语教学过程中，各种教学互动形式都是有所关联的。教学组织形式、教学方法、教学内容和教学手段在多元互动教学模式中融为一体，使抽象的英语教学思想转化为可操作的具体教学策略，使学生能够不断适应、判断和实践自己的学习行为，最终实现英语课堂教学的目的。

（三）创新性原则

探究精神是引导学生进行思考和创新的前提，学生对知识进行探究时，才能逐步完成参与、思考、实践和启发的学习过程。在探究精神的引导下，学生的判断思维能力和创新思维能力得以提高，促使学生在英语学习过程中不断超越自我，以取得更好的英语综合运用能力。多元互动教学模式倡导学生进行创新，为提高大学英语课堂教学质量做出贡献。

（四）多层性原则

多层性原则不只是局限于教师与学生之间，还表现在学生与教学信息、教学内容和教学结构方面。在多元互动教学模式中，学生的学习过程并不是单向的认知过程，而是一种学生、教师、设备之间的多向互动行为。多层性的多元互动教学模式以网络为基础，尊重学生的个体化发展，根据因材施教原则满足不同知识层次学生的需求，使每个学生能够积极参与到多元互动教学模式中。

二、"多元互动"教学模式的构建

（一）课堂教学模式为主

从国内目前的教育形式来看，课堂教学仍然是主流授课形式，因此，即使在现代信息技术的冲击下，教师也不可忽视课堂教学的重要作用。若要取得更高的英语教学效率，教师就必须充分利用好课堂教学，为学生建立起良好的学习交流场所，发挥出互动式课堂教学的优势。在自身为主导作用的前提下，教师可借助现代信息技术设施进行针对性的任务布置，如授课前在校内贴上发布与课程相关的内容，使学生能够通过自己的思考和实践完成教学内容，这有利于提高学生的知识创新能力和独立思考能力，充分激发了学生的主观能动性。教师要合理运用现代信息技术，开展小组讨论、集体谈话、案例讨论、角色扮演和自由谈话等教学活动，实现教师与学生、学生与知识、教师与知识等多方面的互动，多元互动教学模式的使用能够有效激发学生学习英语的兴趣，锻炼学生的独立思考能力、问题解决能力和语言运用能力，让学生在教师的引导下成为课堂的主人。

（二）现代信息技术为辅

现代信息技术的使用在很大程度上丰富了英语课堂教学形式，并且激发了学生学习英语的兴趣。交互功能的广泛使用让师生之间的沟通方式得以扩展，同时实现了同步和异步交流，为英语课堂教学提供了多种学习情境，具有多元化、多样化和主动化的特点。学生在学校提供的学习平台下，运用现有场所、资源和设备，在自身认知基础上实现个人英语知识体系的构建。在现代信息设备的帮助下，学生可自主开展学习任务，英语教学不再局限于传统意义的课堂教学，而是在课堂教学的基础上不断引伸、加强，实现学生的个性化学习。教师和学生在此教学模式下，不再局限于场所、时间和引导者，可通过网页留言、聊天软件、校内网站和网络论坛等方式进行自由化沟通。多元互动教学模式充分激发了学生的学习兴趣，为教师和学生提供了良好的教学平台，在很大程度上弥补了传统课堂教学的不足，为大学英语教学提供了立体化的教学平台。

（三）课堂教学与现代信息技术的相辅相成

英语教学的主要平台便是课堂教学，其是实现英语知识传授的主要途径，在网络环境下，教师可采用针对性教学辅助课堂教学，通过第二教学课堂的开展实现英语教学活动的多元互动性。课外活动的开展可使学生巩固课堂所学知识，为学生创造实践和运用的机会。此外，课外活动的氛围不同于课堂，相对更为轻松的环境能够让学生自由发挥自身的协作、交际和综合运用能力，在学生英语知识体系的构建上具有积极意义。教师可成立英语学习小组，鼓励学生积极参与，定时举办英语辩论赛、英语写作评比和英语电影赏析活动，让学生能够拥有自由发挥的英语交际平台。通过多元互动教学模式的实施，引导学生自主学习英语，充分激发学生学习英语的兴趣。英语教学的主要目标是学生的"学"，而非教师的"教"。教师在英语教学过程中须充分激发学生的主观能动性，引导学生最大程度地参与英语课堂教学。

在新兴技术发展背景下，传统英语课堂教学已经在教学空间、教学手段、教学时间、教学内容和教学方式方面发生了较大改变，原本冗长、单调的英语课堂教学在现代化教学设备的帮助下得以改善，提高了学生学习英语知识的兴趣，促使学生参与到英语课堂教学中，提高了英语的教学质量。

第五节　基于现代信息技术的大学英语自主学习教学模式

教育部 2007 年制定的《大学英语课程教学要求》提出，各高等学校应充分利用现代信息技术，采用基于计算机和课堂的英语教学模式，改变以教师讲授为主的单一教学模式。新的教学模式应以现代信息技术，特别是网络技术为支撑，使英语的教与学可以在一定程度上不受时间和地点的限制,朝着个性化学习和自主学习的方向发展。同时指出,教学模式改革的目的之一是促进学生个性化学习方法的形成和学生自主学习能力的发展。随着我国高等教育的发展及大学英语教学改革的深入,各所高校根据非英语专业学生的实际情况,相应采取了不同的切合本校学生实际的科学、系统及个性化的大学英语教学模式,并在实践中不断探索和完善。

黑龙江科技学院在 2005 年进行本院大学英语教学改革之初,依据《大学英语课程教学要求(试行)》,在本院教育改革指导思想中明确了要广泛采用多媒体和网络技术,促进教学模式的改革,并指明学生是学习的主体,在大学英语教学中要充分调动学生学习的主观能动性,注重培养学生自主学习的能力。在此指导思想下,从 2005 年 9 月开始,选取 2004 级和 2005 级非英语专业部分学生进行基于现代信息技术的大学英语自主学习教学模式改革实践,历经两年试点,取得了一定成效。从 2007 年 9 月开始,黑龙江科技学院根据《大学英语课程教学要求》,在非英语专业学生的大学英语教学中,依托《大学体验英语》这一立体化教材,全面实行基于现代信息技术的大学英语自主学习教学模式,充分体现《大学英语课程教学要求》提出的课程设计的个性化及教学模式的网络化。

一、基于现代信息技术的大学英语自主学习教学模式的理论基础

基于现代信息技术的大学英语自主学习教学模式的理论基础是瑞士心理学家皮亚杰的建构主义学习理论。该理论对基于现代信息技术的大

学英语教学具有极大影响。在学习方法上，建构主义理论倡导教师指导下的以学习者为中心的学习，强调学习者的认知主体作用，同时并不忽视教师的指导作用。该理论"强调以学生为中心，不仅要求学生由外部刺激的被动接受者和知识的灌输对象转变为信息加工的主体、知识意义的主动建构者；而且要求教师要由知识的传授者、灌输者转变为学生主动建构意义的帮助者、促进者。这就意味着教师应当在教学过程中采用全新的教学模式、全新的教学方法和全新的教学设计思想。"以学生为中心的实质就是提倡自主学习，而基于现代信息技术的大学英语自主学习教学模式正是建构主义学习理论和自主学习策略相结合的充分体现。

  王笃勤认为，课堂教学有其自身的局限性，大学英语教学"更多地依靠学生课下的自主学习而开展。学生的个性差别也要求学生根据自己的具体情况开展听、说、读、写、译的相应训练"。还指出，"自主学习能力的培养一般是采取策略培养的模式，自主学习能力的培养由认知策略的培养和元认知策略的培养两部分组成。通过认知策略的培养，使学生了解并掌握各种学习策略、技巧，如听的技巧、交际策略、阅读策略、写作技巧、翻译技巧和解题技巧；通过元认知策略的培养，使学生养成制订学习计划、选择学习方式、安排学习任务、监控学习过程、评估任务完成情况的习惯，从而一步步走向自主"。

  基于现代信息技术的大学英语自主学习教学模式以网络为支撑，能够充分体现学习者的主体地位，以自主、自发、独立学习为主，是大学英语课堂的外延，也是课堂教学的必要补充。该教学模式在教学和学习过程中能有效调动学习者的积极性、主动性和创造性，更加高效地实现大学英语的教学目标。

二、基于现代信息技术的大学英语自主学习教学模式的构建

　　黑龙江科技学院实行的基于现代信息技术的大学英语自主学习教学模式是一种课堂教学＋学生网络自学的模式，这种模式包括课堂教学、网络自学和课外活动。课堂教学中，教师充分发挥主导作用，利用课堂教学所用的教材，引导学生掌握听、说、读、写、译的基本知识和技能，体现学生的主体作用，使课堂成为学生展现自己语言才能的舞台。网络自学中，充分利用多媒体和网络技术，打破传统课堂在时间和空间上的限制，使英语教学和英语学习朝个性化、自主式、自我建构式学习方向发展，给学生创造自主学习环境，培养学生的自主学习能力。课外活动主要指与大学英语相关的课外素质教育活动，如英语角、各种英语技能比赛等，让学生在实践中检验自己的英语综合应用能力。

　　基于现代信息技术的大学英语自主学习教学模式的硬件基础是学校拥有计算机网络系统和计算机网络教室并配有专业计算机管理人员。学校在2005年6月引进了《大学体验英语》全新立体化系列教材的网络学习系统，并对教师和学生分别进行了课程管理和课程学习的培训，为学生完成网络自学课程的学习奠定了基础。《大学体验英语》是高等教育出版社设计开发的立体式系列教程，倡导基于计算机／网络＋课堂教学的新型教学模式，使课堂教学与课外自主学习相结合，使课堂教学内容在课外得以延展。该系列教材中的大学英语学习系统、多媒体学习课件等

为英语教学网络化及教学手段现代化提供了立体、互动的英语教学环境。多媒体课件提供了中外教师的双语课堂讲解、难点解析、跟读与交互训练，可供学生自主学习；网络自主学习系统可供学生学习、训练、测试，并自动形成监测记录。

在实施基于现代信息技术的大学英语自主学习教学模式改革实践中，黑龙江科技学院实行分层次教学，对二本和三本学生分别配置不同的课堂教材，网络自学课程内容虽然相同，但网络自学级别分配设置了不同的要求。在学时分配上，课堂教学为每周每班四学时，网络自学每周每班二学时。在学生课程成绩评定上，采取形成性评估和终结性评估相结合的方式，将网络课程的成绩纳入形成性评估中。

三、基于现代信息技术的大学英语自主学习教学模式实践

黑龙江科技学院自 2007 级非英语专业学生开始，对大学英语课程的教学采用基于现代信息技术的大学英语自主学习教学模式，具体的教学流程如下：

一是课堂教学。传统课堂教学面授有其自身的优势和必要性，因此黑龙江科技学院重视课堂教学环节，推广实施以学生为中心的主题教学模式。所有学生所用的教材均为国家规划教材，课本每一单元的听、说、读、写、译各项技能的培养与训练都围绕同一交际主题展开。教师充分发挥主导作用，要求学生对每一单元的主题进行预习并借助图书馆及网络查找资料，在课堂上引导学生对相关话题按听、说、读、写、译分项

技能进行研讨，给学生提供自我展示、畅谈主题、语篇分析、模拟练习及技能训练的机会，并及时对学生进行评价，答疑解惑，培养学生的英语综合运用能力。

二是网络自学。大学体验英语学习系统设计人性化，使学生通过人机互动，达到有话想说、有话会说的目的，激发学生自主学习的兴趣，满足个性化学习的需要，培养学生的听说能力。学生的网络自学与课堂教学一样排入课表，在学生第一次进行网络课程学习之前，由任课教师在主控机内输入学生的个人信息和卡号，进而自动生成学生的个性化密码，为进入学习系统做好准备。学生进入学习系统后，第一步是进行基本能力初始测试，测试成绩达到及格标准，将自动越过0级学习课程进入一级学习课程，不合格将自动进入0级课程进行学习。课程分为0—6级，学生自主掌握学习进程，每学期基本能完成1—1.5个级别的学习内容，学习时间、进度和网络自学的成绩也由系统自动记录。

三是课外素质教育活动。参加课外素质教育活动是学生进行课外自主学习的一种表现，每学期组织学生参加英语角或无线耳机听说，以及各种不同内容、不同形式的相关英语竞赛活动，由教师对学生的参与情况做出及时、准确的评价和记录。

四是课程评价。学生的大学英语课程成绩由形成性评价和终结性评价组成。形成性评价和终结性评价分别占有的成绩比例根据每学期具体情况的不同来调整，现以黑龙江科技学院2010—2011学年第一学期的大学英语成绩评定方案为例：学生的期末成绩由形成性评价成绩、终结性评价成绩和课外素质教育活动加分组成，采用百分制。形成性评价占

50%，采用课内外考评相结合的形式。其中学生课内教学活动占20%，分别由出勤表现（5%）、口语表现（10%）、平时测试（5%）组成；学生课外教学活动占30%，分别由作业（5%）、网络自学（10%）、学期大作文（10%）、英语角（5%）组成。在形成性评价中，口语表现10分，由学生个人日常口语表现4分＋团队口语表演6分组成；平时测试5分，各教研室根据不同教材分层次确定考核内容，随堂进行测试，本学期进行2次；作业5分，由各教研室根据不同教材、不同授课对象按听说读写分项进行，要求教师全批并讲解；学期大作文10分，该作业在学期最后一次课前上交，课程结束前2—3周，教师根据每个单元的写作教学内容，向全班学生分组布置不同的题目，学生通过课外查阅资料完成；网络自学成绩10分，执行网络教学设计小组制定的考核方案，按学生的起始级别、学习进度及网络学习系统给出的听说综合成绩计分；英语角5分，根据学生参加英语角的表现加分。终结性评价占50%，对学生进行期末测试，分层次按教材出题，试题由主观题和客观题两部分构成，题型为听力、阅读和翻译。课外素质教育活动加分：由教研室根据本学期教学活动的层次和比例确定。

几年来的基于现代信息技术的大学英语自主学习教学模式的实践表明，该模式具有教学效率高、信息输入量大、能实时评价等优势，实现了培养学生的英语综合应用能力，特别是听说能力以及提高学生的自主学习能力和综合文化素养的大学英语教学目标，具有可行性和有效性。该模式将课堂教学和网络自主学习结合起来，教师在课堂上激励信心、指导学习策略、检查学习效果、管理组织学生，网络学习系统则赋予学生学习自主权，实现个性化教学及个性化学习，培养学生多方位学习和终身学习的能力。从学生和教师的反馈来看，学生和教师都认为这种模式调动了学生语言学习的兴趣，使学生自觉学习、自愿学习的主观能动性得到充分发挥，使大学英语教学多年来的哑巴英语现象逐渐改变，达到了语言学习的实用性目的。网络学习系统对学生的学习进行即时评价，学生很有成就感，激发了学习动力和进取心。从学生的学习成绩来看，学生的口语成绩和课程成绩均有大幅提高，一次性及格率提高明显。在实施基于现代信息技术的大学英语自主学习教学模式时，需要注意的是该模式是将课堂教学和网络自学相结合，二者不能相互取代，而要优势互补，以学生为中心的自主学习也绝不是让学生完全自由活动，而是在教师指导下进行自主学习，教师要肩负的是指导、监控、评价的职责，需要不断更新教学理念，进行理论与技术培训，提高自身素质。

基于现代信息技术的大学英语自主学习教学模式还处于实践探索阶段，仍有许多问题需要探究，如教师如何更好地对学生进行自主学习策略指导，形成性评价中网络自学成绩的合理比例，开发设计多教材、多版本的网络学习系统，使学生能广泛地选择适合自己的网络个性化自主学习方式，等等。随着教学改革实践的不断深入，基于现代信息技术的大学英语自主学习教学模式必将逐步得到完善，从而对更加高效地实现大学英语教学目标、优化英语教学过程、培养学生的自主学习能力起到积极的推动作用。

第六节　信息技术背景下的大学英语阅读教学新模式

阅读是大学英语教学中的一个重要环节,然而传统的阅读教学已不能满足时代发展和学生自身的需求。在信息技术日新月异的今天,如何进行积极创新,真正地激发学生学习英语的兴趣,提高学生的英语阅读能力,成为广大英语教师所关心的问题。

一、阅读教学的重要性及传统阅读教学的问题

在英语学习的四种基本技能(听、说、读、写)中,阅读占据重要的地位。在语言习得过程中,阅读和听力属于语言输入,会话和写作属于语言输出。要想获得满意的语言输出就必须有丰富优质的语言输入。大学英语阅读教学是大学英语教学中的一个重要的组成部分。它有助于提高学生的听说、写作、翻译等能力,并有助于拓宽学生的知识面,了解中西文化的差异,提高学生的交往能力。因此,要想提高学生的听说和写作能力,就必须提高阅读教学质量。

然而传统的大学英语阅读教学以教师讲授为主,教学内容单一,信息陈旧,教学方法一成不变(每堂课教师都习惯从字词句开始带领学生进行语言、语法知识点和篇章结构的讲解和梳理),使学生上课缺乏主动性,没有使学生养成自主学习的意识和良好的阅读习惯。

二、信息技术给大学英语阅读教学带来的机遇和挑战

随着经济社会的飞速发展,现代科学技术取得了突飞猛进的进步。诞生于20世纪50年代的计算机网络系统对人类社会生活的方方面面和各行各业都产生了深刻的影响并带来了诸多好处,其中对高等教育的渗透,给高等教育的发展带来机遇和挑战。

信息技术对高等教育的影响包括:

第一,信息技术为高等教育提供了新的教育手段和技术;第二,网络信息技术使教师的角色发生了转变——教师从文化知识的传授者和教育教学的管理者变成知识体系的建构者和人际关系的艺术家;第三,网络信息技术使高等教育的方式和方法发生了根本性的改变,它使传统的灌输式和被动式教育方式转变为兼有自主性和灵活性的教育方式,突破了时间和空间的限制;第四,信息技术使办学方式从单一的全日制教育向多层次、多形式、多规格的教育转变;第五,信息技术为学生提供了丰富和多元化的信息,能激发学生对现代科学的学习兴趣,帮助学生拓宽知识面,提高专业素质;第六,信息技术能培养学生的自我精神,发展学生的个性,使学生能自我完善和自我提高。

此外,信息技术还具有资源丰富、互动参与性强、传播路径多元化、传播模式多样化等特点。这些优势势必对大学英语的课堂教学模式、教学手段、教学主体、教学资源等方面产生深远的影响。

三、大学英语阅读教学新模式探讨

（一）教学内容的转变

以往的大学英语教学都围绕着学校所订教材进行，由于一些客观因素（如经费短缺、教师不想重新备课等），致使一套教材使用多年，因其内容陈旧，与时代脱节，学生学起来如同嚼蜡，毫无兴趣可言。但新兴的信息技术手段丰富了教学资源，教师可根据教材单元话题，从互联网或其他移动媒体终端，有的放矢地寻找和整理契合学生英语水平的阅读材料，从而丰富课堂内容，提高学生的学习兴趣。

（二）教学方式的转变

传统的英语阅读教学过多地关注教师的课堂讲授，学生只需要带着课本和耳朵来上课。教学内容的按部就班，使课堂教学失去了活力和吸引力，学生失去了兴趣和自主学习的能力。

随着信息技术的日新月异，新的教学方式和手段也不断涌现，其中最具有代表性的是微课、翻转课堂和慕课。

微课，顾名思义就是微型课程，它是一种以互联网为基础，融合了传统的教学模式的新型教学模式。它以微型教学视频为主要载体，针对某个学科的知识点（如重点、难点、疑点、考点等）或教学环节（如学习活动、主题、实验、任务等）而设计开发的一种情境化、支持多种学习方式的在线视频课程资源。它有三种类型：Picture story（PPT 式微课）；Lecture record（实录式微课）以及 Screen capture（利用录屏软件和先进的演示文稿软件录制讲授讲解过程）。由于微课具有课程时间较短、内容丰富、传播便捷、课程可反复观看等优点，深受教师和学生的喜爱。

翻转课堂（Flipped Classroom）是一种颠覆了传统教学理念的新的教学模式。它采用"先学后教"的教学步骤，教师在课前采用录制小视频的方式，把教学目标、重难点和相应的知识点等展现给学生，让学生在课前进行自主学习。在课上，教师组织学生进行讨论和交流来答疑解惑，帮助学生掌握知识。翻转课堂注重培养学生的学习主动性，有利于调动学生的学习积极性。它颠覆了教师在课堂当中的主体地位，让学生真正成为课堂的参与者和建设者，有利于实现师生之间的真正互动，达到良好的教学效果。

慕课 MOOC（Massive Open Online Course）是一种免费向大众开放的网络课程。它由加拿大教育学家 George Siemens 和 Stephen Downes 在 2008 年创造。它具有规模大、无边界、开放性、成本低和易获取的特点，因而受到世界各地学习者的追捧。慕课于 2013 在中国出现了繁荣发展的局面，中国的许多知名大学，如北大、清华、复旦等都陆续开发并上线许多网络课程。慕课教学体现个性化。课前，教师把课程内容和资源进行整合，对教学中的基本知识点、基本技能、重难点进行合理的安排，抽取部分内容，制作成小视频，发布到网上，让学生在课前进行熟悉和了解，从而为课上的进一步讨论做准备。在课堂教学中，教师变成了课堂的组织者和引导者以及学生思想的启发者。

（三）教学主体的改变

教师不再是学生获取知识的唯一来源，也不再是课堂教学的主导者。采用微课、翻转课堂或慕课的教学方式，势必会削弱教师以往的地位，使学生从课前就融入教学中,发挥自己的主观能动性,积极学习。教师则变成了课堂教学中的引导者和辅助者。

(四) 教学评价方式的转变

网络信息技术对教学的渗透使教师可采取多种方式来评价学生,获得对学生英语能力较为全面的认识。教师可在课前的自主学习、课上的讨论等环节、课后的知识巩固和拓展活动中对学生进行评价,评价不再局限于一张试卷成绩,评价可以是多样的、动态的、不受时间和空间限制的。

网络信息技术的飞速发展给大学英语阅读课注入了活力。新型教学方式的涌现(如微课、翻转课堂和慕课等),给大学英语教学带来了生机。大学英语教师应转变观念,勇于接受科技发展给教育带来的机遇和挑战,结合学生特点采取不同的教学方式来帮助学生真正地提高英语阅读能力及英语水平。

第七节 信息技术环境下的大学英语听说混合学习模式

美国是信息技术和教育较发达的国家,早在 2001 年,其中小学网络化的普及程度就达到了 99%,在这方面的研究相当丰富,美国教育部门已在各级学校实践了多种新型的教学模式,如基于问题的学习模式、基于项目的学习模式、基于资源的学习模式等,很多学者如 Roblyer、Graig Barnum 和 William Paarmann 等提出并研究了具体的整合教学模式和教学效果,为语言教学提供了很好的参考。在国内,蒋学清、张红玲等提出了整合信息技术的外语教学的基本模型。因此,研究和学习发达国家此方向最先进的理论和实践知识,无疑是非常有意义的。

一、影响大学英语听说教学效果的因素

(1)缺乏真实的英语学习和使用环境。大多数中国学生可以看懂句式复杂的文章,写出结构完整的短文,在题型多样的听力理解考试中也可以取得很好的成绩,但在日常生活中与英语母语者交流却遇到阻力,甚至连诸如询价、指路等最基本的日常生活用语都无法表达清楚。究其原因,课堂中所营造出的语言环境,是教师根据教学大纲及教学内容,有目的地加工、提炼而成的。由于时间、课型及人数等因素限制,课堂中无法将日常生活中所遇到的每个真实语境都完整呈现。多数学生除了有限的课堂学习外,很少在日常生活中接触和使用英语。多媒体网络课堂及语言实验室虽然在一定程度上带给学习者真实的语言环境,因受时间及地点的限制,无法提供及时(just-in-time)学习的环境。

(2)评价体系需要多元化。主要包括以下几个方面:

第一,评价主体的多元化。根据建构主义理念,学生不是外部刺激的被动接受者,而应该是知识意义的主动建构者;教师不是知识的灌输者,而应该是学生主动建构知识意义的帮助者。学生应自我监督、自我

测试、自我反思以检查、了解自己建构新知识的过程及成效，从而随时改进学习策略，达到最终的学习目标。

第二，评价方式的多元化。传统的大学英语评价方式缺少主观性和灵活性，过度重视以标准化试题为主的结果评定，这使得学生过于注重以基础知识为主的考试成绩而忽视实际运用语言的能力，不能很好地调动学生参与评价的积极性，也不利于学生的个性发展。

第三，评价标准的多元化。由于听说能力固有的特殊属性，在实际评价中很难定量评价。在听说教学中，只针对学生所获得的知识、技能、能力等方面的评价标准已无法照顾到学生的个体差异，也无法帮助学生充分挖掘和展示其个人潜能。

（3）学生缺乏参与度及自主能力。信息技术环境为自主学习提供了自然环境，增强了学生的学习动机。但是，过量的学习资源可能对那些缺乏自我调控的学习者来说并不是一件有益的事情。成功的网络自主学习需要自我调控和元认知能力。在以教师为中心的大学英语听说教学课堂中，教师和学生都缺乏自主性，不利于自主学习的发展。

二、在信息技术环境下建构大学英语听说课程混合式教学

第一，利用"理工在线英语"网络平台及资源，为学生提供及时学习的空间。

"理工在线英语"网络学习和管理平台的建设与使用，将课内课外打通，在最大限度地降低模拟环境的负面影响的同时，也为学生提供随

时随地学习的环境。学习者处于不同情境中产生学习的需求时,则通过无线通信技术与"理工在线英语"网络相连来查询相关的信息。这种以网络为平台的情境学习(Situated Learning)和学习共同体(Learning Community)的创建,使语言学习不再是一门孤立的课程,而真正成为一种社会活动。

第二,利用英语实验口语网络平台,实现课堂教学。结合大学英语教学实际情况,通过口语实验网络平台,实现将传统的口语课堂活动和创新性的"网络语言实验"活动相结合,设立了大学英语口语实验课程。笔者有幸参与该课程的教学任务。

该课程课上以学生熟悉的实验模式进行分组教学,课下要求学生以真实语境为前提进行口语训练,并录制即时音、视频上传到网络平台。在教学中,特别注重学生学习过程与成果的收集、保存与及时反馈,有效记录学生的实验活动,做到听、说两种技能有机结合。

考虑到学生的智力差异及全面发展的需要,该课程的评价内容不仅注重学生所掌握的基础知识,而且包括对学生综合能力和素质的评价,即学生的英语学习态度、学习策略、学习习惯、自主能力等。此外,在评价环节提高了学生的参与度,实施师评、自评和互评三方结合的模式。这样做,一是使评价更加客观具体,二是使学生实现横纵对比。所谓横向对比,即学生通过自评对进步和提高程度内省;所谓纵向对比,是通过互评,了解其他学生的情况。所有的任务和评价内容,音、视频,文字都有记录,在任何时间都可被以调取比较,方便教师和学生掌握进步情况,进行评价。通过教师评价与学生自评和互评,了解学生的语言掌握情况、学习进程、完成学习任务的情况以及存在的问题，发挥学生学习的主动性，培养学生自主学习的能力，提高教师教学管理水平。

第三，研发可输入性个人词典，提高学生的参与度。现有网络词典均为软件公司统一定制、编写的。为满足学生个性化英语学习的需求，笔者所在课题组设计并研发了一款可输入性开放式个人词典。词典使用者可以根据自己的英语学习及教学的历程自主创建、编辑或组织词条，修改对单个单词的注释，也可以加入备注、检索、链接，可以让学生充分发挥创造力，从被动的知识接受者成为主动的知识创造者，从而提高学生的参与度及自主能力。

合理利用信息技术辅助大学英语听说教学既符合语言习得规律，又顺应时代发展潮流，并能有效地提高学生英语听说的兴趣和效率。同时也应该意识到只有在教师的精心准备和选择下，与教师的课堂教学合理有效结合，网络资源才能更好地服务于大学英语听说教学。

第八节　信息技术与多模态语境下的大学医学英语口语教学模式

根据教育部颁发的《大学英语课程教学要求（试行）》，大学英语的教学目标是培养学生的英语综合应用能力，特别是听说能力；设计大学英语课程应大量使用先进的信息技术，推进基于计算机和网络的英语软件教学,为学生提供良好的语言学习环境与条件。新的教学模式应以现代信息技术为支撑,体现英语教学的实用性、文化性和趣味性。近年来,信息技术和多媒体技术在我国高等院校中逐渐普及,尤其是大学英语教学,善于结合视频、音频、图像等多模态来提高教学质量。

随着我国医疗卫生事业的发展,社会对复合型医疗人才的要求促使医学类院校更加注重医科学生专业外语素养的培养,从社会需求、教学实际、学生能力等方面出发,提高学生医学英语的实际运用能力和真实情境下的口语交际能力,以适应专业发展的要求和国际社会需求。

一、多模态理论

模态(modality)是指社会交流的一种媒介,即人类感知世界、通过各种感官(视觉、听觉、触觉、嗅觉和味觉)与外部环境进行的互动方式,由此产生了五种交际模态——视觉模态、听觉模态、触觉模态、嗅觉模态和味觉模态(赵慧娟,2014)。多模态话语是指运用多种感觉,通过图片、语言、手势、表情等多种符号系统完成的交际。多模态话语最早的研究者之一是 R.Barthes,她在 1977 年发表的论文《图像的修辞》(*Rhetoric of the Image*)中探讨了图像在表达意义上与语言的相互作用;在 20 世纪 90 年代,Kress 和 Van Leeuwen 作为多模态话语分析研究的主要代表,研究探讨了模态与媒体的关系,认为语言和其他非语言符号都是传达意义的载体,各种模态各自独立但又相互影响、相互作用。Kress 还探索了科学课课堂中通过多模态互动表达和构建意义的过程。多模态话语分析理论基于系统功能语言学和符号学,为单一模态无法表达清楚的语境提供了新的渠道。

二、多模态理论与大学医学英语口语教学

在全球化不断发展和深化的现代社会，随着国际交流和现代医学的发展，国家和社会对医护人员的专业英语能力的要求逐步提高。在我国，大部分医科类院校已着手加强医科类学生的英语能力的培养，向国际化医疗卫生人才靠拢。因此，医科类学生的医学英语教学有待进一步改善。

对于医科类院校来说，传统的医学英语教学主要集中在词汇教学，要求学生掌握大量的医学英语词汇以及基础的医学文献写作和阅读能力，以实现其能阅读国外先进医学文献材料和进行英语医学文献写作的目标，而往往忽略了医学英语的口语交际能力的培养。同时，由于英语是公共学科，医学类学生与英语教师的人数比例过大，导致医学英语的授课班级规模偏大，往往是 50 多人乃至 100 人一个班。大班教学在很大程度上制约了教学方法的灵活多变，教师往往只能采用较为传统的教学模式，通常以教师讲述为主，采用较为单一、传统的教学方法，如任务型教学法、小组讨论、PPT 展示等。在教学过程中，学生往往缺乏足够的学习兴趣和积极主动性，并未得到足够的机会来锻炼语言的实际运用能力和交际能力，从而削弱了教学效果。

医学类高年级学生具备一定的医学英语写作能力，能较好地理解和应用国外医学英文资料，却不敢开口或是无法流利进行医学方面的英文口语交流，这样的现象在我国医科类院校中非常普遍。因此，为满足现代医学发展和社会的要求，医学英语口语教学需要不断探索新的、有效

的教学模式。

常见的教学方法如讲述法、PPT演示法、角色扮演法、课堂讨论法、实际操练法等,虽具有各自的侧重点和优势,但若只是采用其中某一种,只能解决一个问题或实现一个目标,长此以往,并不能实现"具有良好的读写能力和口语交际能力"的培养目标。因此,在现代信息技术的强力支撑下,教师需要将新的、多模态的教学模式应用到实际英语教学中,将多种教学模式相融合。

多模态教学理论主张利用视频、音频、图像、角色扮演等多种多样的教学手段来调动学生的多种感官协同运作参与语言学习,亲历教学活动,参与教学互动。多模态教学要求学生在吸收知识的同时,进行相应模态的有效产出,从而达到预期的学习效果。多模态的英语教学模式是社会发展的要求,是对传统教学模式的补充,是对现有的教学方法的有效融合和改进,是英语教学改革的一个必然趋势和必然选择。

在现代的大学英语课堂中采用多模态教学方法可以对多媒体资源进行合理、有效的整合利用,并通过生动、高效的方式传递给学生,在活跃课堂氛围的同时,进一步实现师生之间的良好互动,改善学习效果,提高课堂教学的效率,培养学生的学习积极性和自主能力,从而培养学生的多元化的英语识读能力和语言实际应用能力。

三、信息技术和多模态语境下的大学医学英语口语教学模式

在传统的单一模态的医学英语口语教学中,教师通常是课堂的主导

者，由教师提供文字或音频的口语材料，在引领学生进行了词汇、语法、句法等相关知识点的学习后，带领学生进行诵读，然后进行实际操练。在这样的课堂中，学生往往被动地接受教师提供的学习材料，参与到话语模态或听觉模态的活动中，然后进行阅读、记忆和模仿的练习，缺乏足够的学习兴趣和积极性。单一的文字或音频材料，只能对学生的视觉和听觉进行刺激，而语言交际往往具有多样性和不确定性，仅在其中一个或两个模态的语境下，学生不一定能够对复杂的医学英语词汇或表达产生足够的理解和深刻的记忆，以至于在实际口语操练中，要不是对教学材料进行机械化的重述，要不就是无法流利地进行口语表达。在大班模式中，由于课堂时间和教学目标的制约，教师难以对学生进行一一指导，而学生也无法进行有效的知识产出且无法得到教师的及时帮助，容易产生挫败感，久而久之，学习兴趣和积极性也会受到影响。缺乏良好的课堂学习效果，学生的医学英语口语能力得不到有效的提高，会对其日后的学习工作产生不小的影响，这也是部分医科类院校英语口语教学效果不显著和医科类学生英语口语交际能力不强的主要原因之一。

在信息技术的支持下，多模态教学模式，能使学生通过多种渠道尤其是网络渠道获取相关信息，在获取信息的同时，学生可以主动地对信息进行筛选和初步理解，然后更多地参与到以学生为中心的课堂活动中，或利用多媒体进行个别化自主学习。例如，可以让学生在自主学习平台上、移动设备的 App 上搜索相关的学习资源，进行小组或班级内探讨、学习与分享。

在医学英语口语课堂上，教师可通过纯正的医学题材英文材料，如英语原声影视剧作品，对学生的听觉、视觉同时进行刺激。在让学生感受真实的语言环境的同时，为学生提供大量的临床交际情境、各种病例分析、疑难杂症的症治、医学术语和缩略语等材料，要求学生投入虚拟的临床场景中，在掌握相关知识的同时，激发学生的学习兴趣，活跃课堂气氛。如在对"癫痫"这一常见病症进行讲解时，教师可在课上播放美剧《豪斯医生》第一季第一集，分为"发病症状""病情诊断过程""治疗方法"等三个片段进行依次播放，要求学生在观看时记录要点和重点（如医学术语和表达句式）；分小组当堂利用网络搜集更多相关资料，进行讨论，总结观点并发言；教师随后给予相应的反馈。此类课堂活动既能快速、有效地让学生参与到教学活动中，又能让学生对所学内容获得一定的理解，为接下来的教学奠定良好的基础和营造积极的课堂氛围。

  在教师讲述知识点环节，教师从网络多媒体材料中挑取相应的医学词汇、病例分析表达、临床交际用语等进行讲解，通过语音、语调、语速、声调等的重复刺激，同时辅以相关的医学图片、标本等媒介，加深学生的理解与记忆。

  随后，在实际操练或互动环节，教师可以根据课前准备或课上讲解的材料，进行拓展，设置相应的虚拟场景，引导学生进行探讨，并通过小组讨论法、任务法等对口语材料进行练习和再创作。同时，鼓励学生多利用网络教学平台等进行互动，随后可通过PPT展示、角色扮演、拍摄微视频等方式在课堂上呈现医学图片、视频、标本、案例等，让视觉模态、听觉模态、话语模态、触觉模态、嗅觉模态等有效结合、协调作用，使学生进一步参与到课堂中，更为直观、直接、深入地理解所学知识点，并进行有效的产出，既丰富课堂形式，又能提高学生的医学英语口语交际能力。

在课下，教师还可以设定相应的学习任务，要求学生充分利用网络、图书馆、专业课本等搜集材料，进行阅读、听力、口语、写作、翻译等练习，巩固或拓展课堂所学内容，运用多种模态进一步增强学习效果。教师可利用微视频、语音微博、微博直播等网络途径对学生的学习效果进行及时的检验和评估，提高学生学习的趣味性和教师反馈的时效性。

口语交际作为英语学习的主要产出途径之一，能有效检验学生对相关口语材料的理解、掌握和应用程度，同时也是学生综合语言能力的重要体现。由于医学英语的特殊性——医学词汇通常冗繁难记、发音自有规律，医学术语通常以缩略语的形式出现在临床情境中，案例分析具有独特的表达方式，学生若仅通过教师的主观讲述和单一媒介信息的输入，很难有效地把其转换为自己的实际输出。因此，医学英语口语的教学应以先进的信息传播技术为媒介，在计算机技术、互联网技术和移动多媒体技术的交互作用下，采取多模态教学模式，注重教师的引导作用，利用图片、视频、文字等静态资源和动态资源对学生的视觉、听觉、触觉、嗅觉等进行多方位刺激，让学生主动融入教学活动中，参与口语实践练习，提高医学英语口语交际能力，体现"在做中教、在做中学、在学中做""将课堂还给学生"的教学理念，促进医科类院校大学医学英语口语教学的长足发展。

第七章 现代信息技术与英语教学应用探究

第一节 信息技术在大学英语听说教学中的应用

我国教育部颁布的《大学英语课程教学要求》对大学英语教学目标有了明确的界定，其中要求大学英语教学的最终目标是培养大学生的英语综合应用能力，尤其是学生的听说能力，保证学生学习了英语知识之后，能够在今后的生活、学习、工作及社会交往中熟练用英语与人沟通和交流，培养学生的自主学习能力，提高其自身的综合素质。

《大学英语课程教学要求》还提倡我国各大院校要充分利用现代信息技术，不断改进教师单一的讲授模式，运用大学生感兴趣的多媒体辅助教学技术进行教育教学工作。《大学英语课程教学要求》还重点强调了英语听说能力的重要性。大学英语教师要及时调整教学方法，不断推进英语教学改革进程，共同促进英语教学的多元化发展。

一、大学英语听说教学现状

传统意义上的大学英语听说课程基本上都被英语听力所取代，"说英语"这一环节都被教师忽略了，再加上非英语专业的学生自身的英语基础不足，教师如果给学生一个话题，让其围绕这一话题进行讨论，很多英语基础差的学生会因为自身的知识储备有限而不敢开口。而英语教师每天需要接触和教导的学生非常多，基本上没有多余的时间和精力专门引导每个学生，只能是统一引导，在有限的课堂时间中向学生传授英语知识。正是这种教学方式使英语教学逐渐变成了以对答案、传授教材知识点、记单词的单一教学模式。在传统的大学英语听说课堂上，英语教师一般都是以自我教学为中心，向学生展示教学知识、传授教学知识，学生自主学习的机会非常少，在实际的教育教学过程中，运用现代化计算机网络辅助教学的机会也非常少，导致大学英语听说资源受到限制，学生的学习积极性也得不到根本性的提升，这也是导致学生英语综合能力始终没有得到明显提升的主要原因。

二、导致大学英语听说教学问题的主要原因

导致大学英语听说教学问题的原因有很多，主要体现在以下几个方面：

第一，部分大学英语教师的教学理念还是遵循传统的英语教学模式，很多大学英语的教学配置没有进行优化升级，英语听说课程的教材始终

跟不上英语教学的发展。还有的英语听说课程本身在设置方面就存在不合理性。

第二，大学英语教师在听说课堂上还是占据着中心位置，学生只能被动地学习英语知识，这种教学方式不利于学生综合能力的提升，还会直接影响英语听说教学的整体效率。

第三，传统概念下的大学英语听说教材会把关注点放在听说上，并没有引入视图这一概念，平面教材与视图教材给学生带来的感官体验是不同的，学生更愿意接受新鲜事物，所以传统的教材并没有刺激学生的感官，这样就很难调动学生的学习积极性。

第四，有的高校会将大学英语听说课程设置为一周或者两周一次，这种教学设置强调的是英语阅读内容，缺少英语听说内容，不利于学生英语综合能力的提升。

三、现代信息技术在大学英语听说课堂中的具体应用

第一，转变教学观念，掌握现代信息技术知识。为提升大学英语课堂的教学质量和效果，要使计算机网络技术与英语课堂进行有机整合，在整合之前，要引导教师更新自己的教学理念。传统的教学模式已经适应不了当前的教学工作，教师应在思想上明确学生才是教学课堂的中心，所有的教学模式、教学方法都是以学生的实际情况为前提的，教师是学生的引导者。只有这样，英语教师才会将更多的课堂时间交还给学生，培养学生听说读写等多方面的自主学习能力。在英语知识储备方面，英

语教师要顺应社会的发展，重点掌握现代信息技术知识。只有英语教师在思想及英语知识储备上与时俱进，才能真正培养大学生的自主学习能力，进一步推动现代信息技术在大学英语听说课程中的有效运用。

第二，合理运用现代信息技术设备。在大学英语教学中，尤其是英语听说教学中，应配备专业的现代化教育设备，要求校园内覆盖互联网，英语教师可以利用现代化网络教学设备为大学英语听说课堂教学提供更为丰富的教学资源，通过这些教学资源引导学生用英语表达自己的情感和态度。除此之外，还可以让学生在英语听说课堂上多接触一些高质量的网络资源，这样不仅可以拓宽学生的视野，还能在一定程度上调动学生自主学习英语的积极性，这对于提升学生的英语听说能力也是非常有帮助的。

第三，不断完善大学英语听说教材。传统的大学英语听说知识都是从英语听说教材中得来的，英语教师也是以英语教材为基础传授英语知识，这一阶段的听说教材内容比较单一，再加上教材本身的设计及排版都沿袭着传统的设计排版模式，使得教材对学生来说并没有什么吸引力。随着近几年我国教育教学的不断发展，新课程改革不断推进，我国部分高校对大学英语听说教材进行了优化和升级，增加了英语听说教材的可视性。除此之外，还将多媒体辅助教学技术引入大学英语教学中，使学生对英语这门课程的兴趣有了大幅度的提高。多媒体辅助教学设备可使大学生从多个角度理解英语教师传授的英语知识点。相对于传统的英语教育来说，现代信息技术的应用有效提升了学生的英语综合能力，促进了英语教学整体教学质量的提升。

第四,现代信息技术对于解决传统大学英语听说教学中的问题具有重要作用。但是在实际的大学英语听说教学过程中,我们需要有专门的指导教师对其进行引导,现代信息技术与英语听说课堂的整合只是众多教学模式中的一种,这一教学模式对大学英语教师提出了非常高的要求,要求英语教师要不断转变自身观念,提升自身的英语知识储备,在提高大学英语课堂效率的同时,促进大学英语教学改革。

第二节　信息技术在大学英语教学中的应用

一、教育信息化环境下大学英语教学的优势

(一)学习资源更加丰富

大学英语信息化教学模式相比传统的教学模式有了本质上的区别,一方面,信息化大学英语教学的教学方式打破了传统教学模式对空间和时间的制约,其教学方式更具有灵活性,能够满足学生的多元化需求。利用教育信息化,学生可以在互联网中获取更多的学习资源,并根据自身的学习水平和学习进度,有针对性地制订学习方案,从而开展自主学习。另一方面,在大学英语信息化教学中,学生的自主性得到了满足,这有利于激发学生的学习积极性,培养学生的多元思维和创新能力,对

于促进学生综合素质的全面发展具有重要的意义,这与目前教育界所提倡的素质教育的新理念具有本质上的联系。在这种教学模式下,学生的自主性得到了满足,可以针对自身的学习水平和学习能力,选择最恰当的学习模式,其学习结果将会有很大的不同。

(二)学习模式趋向自由化

受多种主观或客观因素的影响,传统的大学英语教学模式和教学进度是以学生整体为标准的,很难照顾到每个学生的学习需求。而学生的学习基础和学习能力差异较大,许多学生难以紧跟学习进度,而大学英语作为一个重视积累的语言类学科,对于课程进度的要求较高,基础较差的学生很容易追赶不上教学进度,其学习水平会越来越低,这不禁打击了学生的学习信心,还会使学生对大学英语产生畏难心理,甚至产生抵触情绪,不乐于大学英语教学的开展。而信息化大学英语教学模式在一定程度上克服了传统教学模式的种种弊端,在这种教学模式下,每个学生都拥有了自己的"小食堂",更能够彰显出学生的个性化特点,这也就为学生的自主学习提供了重要的基础。教师和学生都可以根据实际情况和自身需求,选择合适的教学材料和教学模式。

(三)促使学生进行英语交流

英语是一门具有人文精神的语言类学科,大学英语的学习与英语交互有着密不可分的联系。而在传统的教学模式下,往往更加注重培养学生的理论知识,教学内容和环节往往是由教师预先设计好的,学生很少有机会能够表达出自己内心的想法,学生之间也很少利用英语进行交流。

这导致即使进行了充足的语言输入，也并不一定会得到应有的效果的现象。这也导致了学生往往存在哑巴英语的问题，也就是学生普遍具有充足的解题能力，却很难通过英语进行交流，难以体现出大学英语课程设立的核心目的。而在大学英语信息化教学的背景下，教师可以通过互联网与学生进行交流，为学生答疑解惑、批改作业，而学生也可以将学习过程中遇到的问题与教师或同学进行交流，从而达到获取知识、提升学习水平的目的。

（四）提高学生自主学习和合作学习的能力

自主学习也就是指学生在遵循个人需求和个人意愿的基础上，利用多种学习方法开展的自主性学习活动。自主学习能够有效培养学生的思维能力，从而对学生自身的未来发展起到重要的推动作用。除此之外，学习是需要通过交流和合作来进行的，缺乏交流和合作，学习质量很难得到提升。

传统教学模式下的大学英语教学更加重视教师的主体地位，往往是由教师讲解理论知识，而学生则机械性地学习知识。而在信息化教学模式中，特别强调学生的主体地位，颠覆了传统的大学英语教学观念，在这种教学模式下，师生关系及定位都发生了很大的转变。

学生对教学中的主体地位有了一个新的认识，明确自身才是教学的关键所在。因此，在这种教学模式下，学生能够更加自主地与教师和同学进行沟通，从而使得大学英语教学更具有生机和活力，增强学生的学习效果。在教育信息化支撑的教学环境中，学生可以更自由、开放地进行学习，发挥出个人的学习潜能，并培养思维能力，获得全面发展。

在信息化教学的背景下，学生需要根据自身的实际情况选择合理的教学模式和恰当的教学内容，并有针对性地制订学习计划。长期进行信息化教学，可以让学生逐渐摆脱对教师的依赖性，对培养学生的独立自主精神具有重要的作用。

（五）增强大学英语教师的教学业务素质

虽然教育信息化给大学英语教学带来了诸多优势，但是对于教师的教学水平，也提出了新的要求。在信息化大学英语教学的背景下，教师不仅要具有过硬的教学能力，还需要具备扎实的教育信息化知识，能够进行互联网教学资源的整理工作。对于专业能力的需求相比传统教学模式更高，只有具备了扎实的教学功底，才能够更加游刃有余的在教学中应用教育信息化，开展大学英语信息化教学。这种教学模式不仅为英语教师带来了挑战，同时也带来了更大的机遇。

（六）促进教学评估手段的改革

大学英语教学质量评估能够直观地反馈出在一段时间内，大学英语的教学效果和学生的英语学习水平，针对质量评估结果，教师可以对教学工作进行反思，从而有效提升大学英语的教学质量。目前，许多学校抛弃了传统的单纯以考试成绩作为教学质量评估标准的手段，这与大学英语教学课程体系设立的目标具有本质上的关联，但是在评估系统中未必受到认可。在信息化大学英语教学的背景下，教师要通过调研和实验来制定新的教学质量评估标准，并通过互联网对学生的学习现状和进度进行检查和分析，从而获得更准确的教学质量情况。

二、教育信息化探究教学模式

　　大学英语探究式学习主要是依靠互联网中丰富的信息资源和多元化的训练模式，来培养学生的探究能力和自主学习能力。在大学英语信息化的背景下，学生可以充分利用英语信息库、大学英语教育平台等进行自主学习，同时还能够帮助学生进行量化学习，对提升学生的学习水平具有重要的意义。

　　大学英语探究式学习可以分为以下两种类型：第一种是短期教育信息化探究模式，也就是指利用一个或几个课时，进行信息化的日常教学。这种模式更强调获取知识，可以培养学生学习英语基础知识的能力。另一种是长期教育信息化探究模式，也就是指通过几周、几个月甚至几个学期，以小组合作课题研究为主要方式，开展长期的知识训练和拓展。这种教学模式能够帮助学生构建牢固的知识体系，是学生英语学习水平提高的必经之路。

　　这两种探究式学习模式都具有各自的用途，但也都存在着不足。在实际教学中，要注重取长补短，发挥出每种学习模式的优势，并规避其所存在的不足，而如何选择还需要针对学生的个体情况和教学条件进行分析。

　　（1）学生个体情况分析。受到多种主观或客观因素的影响，学生的学习情况会具有较大的差异。教学模式的选择要考虑学生的学习能力、学习进度、学习水平等多种因素，必须要与学生的认知规律有本质上的联系。总体而言，英语学习水平较低的学生，其语言的习得能力也会较差，他们会完完全全地按照教师讲解的步骤和内容进行学习，这部分学生对于教师的依赖性较高，只有采取传统的教学模式，才能够满足学生的学习需求，而对于学习程度较高的学生来说，其完全可以按照自身的学习水平和需求进行学习。

（2）教学目标及过程。根据实际情况的不同，可以有针对性地开展教学活动。如果教学内容的复杂程度较低，大多为基础性知识，则可以采取传统的教学模式进行教学，而教师则需要在教学中起到主导作用，制定教学规划和各个教学环节，并对学生的学习情况进行检查，如听写、默写和机械背诵等。相反，如果所要进行的学习活动具有较高的认知复杂性，那么就要选择思辨灵活的教学模式，让学生进行更自由、个性化的学习，有效培养学生的思维能力，促进学生的全面发展。教学模式的选择与教学目标的具体要求有着紧密的联系，如果所讲解的知识点是基础性知识，则可以先采取传统的教学模式，并逐渐渗透信息化教学，起到循序渐进的作用。而如果教学内容人文性较强，重点是让学生了解其中包含的文化内涵，就需要学生之间进行情境交互，体现出英语教学的人文性特点。

三、大学英语信息化教学的课堂设计

本研究主要针对非英语专业大一学生进行：

教学目的：改革传统的大学英语教学模式，重视学生的个性化和多元化需求，在教学中以学生为主体，通过构建融洽的教学环境，来活跃课堂氛围，激发学生的学习积极性。

教学对象：英语专业或非英语专业大一、大二学生，英语专业或非英语专业大三、大四学习 ESP 的学生。

教学方法：采取多元化的方式对学生进行教学，主要有情境模拟教学法、英语课外活动、英语信息化交流、英语学习档案、信息化英语学习座谈会、问卷调查等。

课程安排：

（1）学期开始的第一节课给学生介绍本学期的课程安排，明确学习任务。

（2）教材：新视野大学英语读写教程 1 和视听说教程 1。

（3）学时安排：每周 2 课时读写+2 课时听说+2 课时课外自主学习。

（4）期末总评：70%的期末试卷成绩+30%的平时成绩。

（5）平时成绩：采用形成性评价。可以采用 7 种方法定期组织评价活动，每个成绩 100 分，取平均分为平时成绩。即 Performance（课堂表现）、Presentation（演示表演）、读写教程 Section B 部分的自学检测、阶段测试、作文、口语（集体讨论、小组对话、角色扮演等）、考勤。可见平时成绩主要是对学生进行课下自主学习成果检测的成绩。下面主要介绍一下 Performance 和 Section B 的自主学习：

①Performance 成绩是根据学生主动参与课堂活动的次数和水平给出的，一次 10 分，内容是回答与读写教程和视听说教程每个单元 Topic 相关的一些开放性问题。学生需要利用互联网等，在课前对要讲的知识进行预习，并分析教师可能提出的问题，并寻找答案。在课堂上，教师提出问题时，学生需要主动地进行解答，并将自己学习的收获与其他学

生进行分享。将这种行为计入平时成绩，能够有效激发学生主动参与的意愿，这种教学模式能够满足学生的个性化发展，有效激发学生的学习积极性，同时也提升了学生的英语交际水平。

在这个过程中，教师要注重维护学生的尊严，在学生发言的过程中，不能够出言打断，为了不打击学生说英语的积极性，教师要及时进行积极的评价，对于学生所说的错误部分，可以通过更合适的方式进行解决，从而保护学生的发言积极性。

②教师讲解完读写教程每个单元 section A 部分后，学生在新视野课程软件上自主学习 section B，通过多媒体与教育信息化系统将已学英语知识与新的语言知识结合起来学习。在课堂上教师主要以测验的方式检验学生的自主学习效果，进而巩固和补充应掌握的知识。

在测试模式的选择上，要具备多元化的特点，既要考查学生的词汇、短语、句子、阅读等基础能力，又要考查学生的英语写作、翻译、英语交际等综合性能力，这样才能更全面地检验学生的学习效果。

（6）教学效果：基于信息化技术的大学英语教学模式，相比传统模式具有更好的教学效果，不仅能够有效提升学生的英语学习水平，还能够促进学生综合素质的全面发展。在自主学习和课堂教学相结合的教学模式下，许多教学内容都需要学生和教师进行深入的交流和合作，而在合作的过程中，学生的语言交流能力也得到了锻炼，学生也能了解自己的实际水平，并有针对性地分析自己在大学英语学习中存在的问题和不足，并进行解决。同时教师作为语言学习的管理者又把这些活动，按照一定的比例与学生的考核成绩结合起来，从而让学生在平时的教学和准备中就具有高度的积极性，增强学生的学习效果，并培养学生的集体荣誉感。

在这种教学模式中，学习变成了学生的自主行为，是学生在自身传统的知识框架上，通过学习和发展对知识进行再次构建，在这个过程中，学生可以获取更多的知识，有效提升了学习水平。除此之外，在这种教学模式中，学生不仅能够通过课堂教学获取知识，还能够通过互联网等获取知识。

大学英语信息化教学模式是一种新的尝试，是根据我国英语教学的资源、条件和环境所选择出的，相比传统教学模式具有更大优势的教学方法。信息化教学能够有效解决传统教学模式中存在的弊端，对于提升学生的英语学习水平、促进学生综合素质的全面发展具有重要的意义。同时，经过实验证明，这种模式对促进大学英语教学具有重要意义。在这种教学模式中，学生的学习水平和综合素质，都有了极大的提升，将这种教学模式合理地应用到大学英语教学中，能够有效提升大学英语的教学质量。就目前而言，能够广泛应用在大学英语教学的信息化教学模式，主要有慕课教育、微课教育、SPOC教育等，每种教学模式能够起到不同的作用，可供教师根据教学的实际情况进行选择，满足学生多元化的学习需求。

第三节　信息技术在大学英语翻转课堂中的应用

近年来，随着大学英语教学改革的逐步推进和翻转课堂的兴起，关于大学英语翻转课堂的研究也开始引起人们的广泛关注。大学英语翻转课堂既是信息技术迅速发展、教育信息化水平不断提高、信息化学习环境日臻完善的社会背景对变革传统大学英语教学模式提出的时代要求，也是信息技术与大学英语教学深度融合，进而推动其教学结构变革的必然结果。由于翻转课堂在教学实践中表现出对传统教学流程进行"翻转"的显著特点，其在国内更多的是被作为一种新型的教学模式而加以理解的，所以人们更多地从模式创新与构建的角度对大学英语翻转课堂进行讨论，却忽视了对指导大学英语翻转课堂实践的具体策略的研究。因此，本节在阐释翻转课堂含义、分析翻转课堂与信息技术应用之间的关系的基础上，尝试探讨大学英语翻转课堂中信息技术应用的具体策略，以期为大学英语翻转课堂实践带来启示。

一、翻转课堂及其内涵

"翻转课堂"一词，对我国教育界来说是舶来品，译自英文 Flipped Classroom 或 Inverted Classroom。国内外学者大多从教学流程的角度来定义翻转课堂，认为翻转课堂是任课教师基于授课内容的重点、难点，创建相关教学视频，学生利用课下时间预先通过观看教学视频自主学习新的课程，并自主完成在线测试，实现对新知识的吸收，进而带着学习过程中的疑问去课堂上参与师生、生生之间的互动交流、合作、共享与讨论，实现其对新知识的完全理解和熟练掌握，从而完成学习的过程。它主要以建构主义和掌握学习理论为指导，以现代信息技术为依托，从教学设计、教学视频的录制、网络自学、协作学习、个性化指导、教学评价等诸方面对传统教学进行颠覆。由此可以看出，翻转课堂是针对传统课堂的翻转，是对传统教学中"知识传递"与"知识内化"两个过程的翻转，具体到教学流程便是由"先教后学"到"先学后教"的翻转，而其中对教学视频、在线测试以及合作、交流的强调，无不彰显着信息技术应用于翻转课堂的重要性。

二、信息技术与大学英语翻转课堂

（一）大学英语翻转课堂是信息技术与大学英语教学深度融合的结果

随着信息技术的发展与信息技术在大学英语教学中所发挥功能的变化，信息技术在大学英语教学中的角色定位或者说信息技术与大学英语学科的关系，先后经历了信息技术辅助大学英语教学（简称"辅助"阶段）、信息技术与大学英语课程的整合（简称"整合"阶段）、信息技术与大学英语教学的深度融合（简称"深度融合"阶段）三个阶段。在"辅助"阶段，信息技术在大学英语教学中发挥的主要作用是通过提供软硬件资源辅助教学，实现大学英语课堂教学的多媒体化。"整合"阶段强调信息技术以工具的形式与大学英语课程融为一体，将信息技术整合到大学英语教学的各个环节，使之成为教师的教学工具、学生的认知工具、重要的教材形态、主要的教学媒体。"深度融合阶段"则旨在通过信息技术的应用形成以自主、探究、合作为特征的新型教与学方式，进而变革传统大学英语教学结构。以强调对传统大学英语教学范式的翻转为直接特征的大学英语翻转课堂，正是信息技术环境下大学英语教学改革逐步深化、信息技术与大学英语课程深度融合的必然结果。

（二）信息技术是大学英语翻转课堂有效实施的前提和保障

国外翻转课堂的理论构想和实践尝试早已存在，但是未能兴起和发展，一个重要的原因便是当时缺乏信息技术的支持。唯有进入信息技术迅速腾飞的21世纪，在教育信息化水平大幅提高的时代背景下，翻转课堂的概念才真正被提出来，并迅速成为世界教育领域研究的热点。具体到大学英语教学，大学英语翻转课堂的课外自主学习与传统意义上的学生预习最明显的区别便是信息技术的介入。大学英语翻转课堂之所以能"翻转"的前提条件是具有一定自主学习能力的大学生完全可以在课下完成令人满意的"先学"，而若要使学生课下"先学"成为可能，一个重要前提便是以微视频为代表的丰富的数字化学习资源。另外，基于网络平台和移动互联技术的课下生生、师生互动也为保障翻转课堂的质量和成功实施发挥了重要作用。

三、大学英语翻转课堂中的信息技术应用

基于大学英语教学侧重语言能力和综合文化素质培养的教学目标及翻转课堂的理念，大学英语翻转课堂不仅强调课堂讲授与课外练习的时

空交换，更强调教学活动的合理设计。在大学英语翻转课堂中，课堂用来专注于人与人的输出型交互活动，而知识的输入、学习任务的完成则由信息技术辅助学习者课外自主完成。因此，笔者认为以大学英语翻转课堂的不同环节为切入点，讨论信息技术服务于大学英语教与学的具体策略对于指导教学实践具有针对性强和可操作性好的特点。

（一）课前：创建微视频，引领学生先行自学

大学英语翻转课堂的教学范式，要求大学生在课前先行自主学习，而自主学习的重要依托，除规定教材外便是教师利用网络平台发布的自主学习材料，其中最核心的部分则是教师预先设计并创建的微视频。微视频短小精悍，融 PPT 讲解、影视教学、在线自测等教学元素为一体，可以快速集中学生的注意力，激发学习兴趣和探究心理，顺利完成知识传递的任务。

在本环节，教师首先要对学生的学习特点与需求进行分析，结合教学目的，设定教学目标，并通过层次化和细化使其明确、具体，明确界定哪些是课前需要达到的目标，哪些是课中需要达到的目标。其次，要有针对性地选择教学内容，设计评测题库并制作教学微视频。

微视频的制作要符合微课程设计的理念与原则。首先，要时间短，一般长度为 15~20 分钟；其次，要有针对性，要以教学关键内容和知识点的呈现为主体，以大学生的认知特点与水平为出发点，尽量减少如背景音乐、教师头像等干扰因素；再次，要尤其关注视频的画面与声音质量，这一点可以通过选择安静的录制环境、高质量的视音频设备和录屏软件来保障；最后，要考虑微视频播放的兼容性，尽可能用通用性好、

软硬件平台要求低的视频格式。

微视频的来源可以是教师从网上找到的"成品"或"半成品",然后根据自己的教学需求加工而成,如中国国家级精品课程、大学公开课、爱课程等都提供了大量可资借鉴和利用的资源。不过笔者更提倡教师自己制作。首先,随着数字视音频技术的发展,录屏软件功能的不断完善,视音频制作越来越便捷,容易上手,而且教师制作教学视频的过程既是对课程内容进一步深化和熟悉的过程,也是品尝信息技术服务于教学所带来的乐趣与成就感的过程,有利于教师信息技术水平的可持续提高。

(二)课中:创设情境,营造课堂交互氛围

基于明确内容的真实场景的课中师生、生生语言输出交互,既是促进大学生英语能力提高,实现对课前所学知识内化吸收的关键一步,也是激发大学生的语言学习兴趣与情感,培养大学生自主与合作学习能力的重要环节。因此,教师应在教学目标的引领下,设法激励和引导学生勇于发言,大胆展现自己的学习成果。但是,在教学实际中,由于学生的个性差异与学习水平的不同,冷场、跑题的情况时有发生,而且易出现越是成绩好的学生越勇于表现,越是成绩差的学生则越"冷眼旁观"的两极分化。

在本环节,教师首先可以通过科学利用 PPT、WPS、E-book 等教学软件制作教学课件,并合理运用多媒体投影、一体机、电子白板等多媒体展示设备,清晰、扼要地呈现用于课堂交互的话题或具体的输出任务;同时,这也为学生自主、合作与探究性学习成果的展示提供了平台。其次,还可以通过信息技术的多媒体处理功能,如音乐播放、画面呈现、

视频或动画演示等手段营造激励学生勇于交互的情感氛围。最后，教师也可以通过对智能手机的创新应用，成立基于微信群平台的学习合作小组，对完成课堂交互任务出色的学生给予红包奖励，活跃紧张的课堂气氛，鼓励性格相对内向的学生踊跃参与课堂教学的交互活动，从而提高课堂教学的质量和效率。

（三）课后：任务导向的资源提供与技术支持

任何一种语言的学习，都需要长时间的积累才能有所提高，单凭有限的而且还在不断被压缩的大学英语课堂教学是远远不够的，因此学生的自主学习尤为重要，特别是在大学自主学习时间相对充足的情况下尤其如此。自主学习能力是在长期的自主学习中锻炼和培养起来的。因此，教师一方面必须提高教学效率，将有限的课堂教学时间充分、高效地应用到学生的有效学习上；另一方面，除了通过设计、创建微视频引导学生课前自主学习外，还要设计真实、符合学生语言水平的输出任务，并引导、督促学生课后通过自主、协作的方式完成，以培养学生的自主学习能力。学生在完成语言输出任务的过程中，教师需要为其提供有针对性的输入材料和适当的输出帮助，并对学生的任务完成情况进行及时反馈。

基于该环节的教学要求，信息技术应用应侧重以学生的学习任务为导向，提供资源和技术支持。首先，海量的网络学习资源一方面方便教师针对特定的语言输出任务，为学生提供具体的输入材料；另一方面也为学生的课后自主学习提供了可能。不过，同样是提供学习资源，这里并不同于课前以微视频为核心的学习资源的提供。前者是基于教学目标和课程内容的知识传递，后者则是针对具体输出任务的资源支持。其次，随着移动互联网技术的成熟,特别是微信群、QQ 群、视频聊天等功能的出现,使教师可以轻松创建移动学习社区,从而为课下生生之间、师生之间构建了即时交流和沟通的平台。在这里,教师可以实时关注学生的任务完成情况,并及时给予指导和反馈;学生之间也可以随时随地地进行交流、协作以共同完成输出任务,更重要的是所有人都可以平等地参与交流、分享和激励,进而教学相长,相互促进形成积极向上的学习氛围。最后,大数据和云计算技术的成熟,使教师指导学生的课下自学更方便、快捷,更有针对性,更能以人为本。

大学英语翻转课堂既是对教育部颁布的《教育信息化十年发展规划(2010—2020 年)》的积极响应,也是大学英语教学改革顺应教育信息化时代背景的必然结果。大学英语翻转课堂的成功实施离不开对信息技术科学、合理的运用,因此大学英语教师应正确理解信息技术之于翻转课堂的重要性,努力提高自身的信息技术应用能力与意识,进而助推大学英语翻转课堂的具体实践。

第四节　信息技术在大学英语智慧教学中的应用

信息技术推动下的智慧教育成为信息时代全球教育改革的"方向标",智慧教学是基于信息化、全球化和协同创新与知识融合的全新教学模式。

智慧教学在分析教育大数据的定义内涵、实践范例、发展趋势的基础上，创建学习者、教学者、研究者、管理者、教育资源与服务提供者等多方参与的"智慧"教育生态，使更多英语教学者和学习者能够受益，帮助高校推动教育与信息技术的深度融合。

一、"微课"与"翻转课堂"教学模式应运而生

随着信息技术的发展，学生获取信息的资源与渠道不断增加，教学模式和教学设计也面临变化，亟须创新，主要表现为从课堂知识传授、课下练习巩固的学习模式转化为信息化环境下的探究式学习模式，"微课"与"翻转课堂"应运而生。"微课"与"翻转课堂"教学是集自主学习、探究式学习、移动式学习、多模态混合式学习为一体的灵活教学模式。

传统大学英语课程从"教师课堂信息传递"到"课后学生内化吸收"，以语言表层知识点的记忆复制为教学目标。"微课"与"翻转课堂"意味着教学流程的重构，教师从课程的"讲授者"转为"创设者"，通过微课或慕课形式，优化自主学习环境，为学生提供课前自学音视频与在线辅导，通过有效提问促进课堂交流与评判性思维加工。仅以语言技能见长的教师，面临知识结构的更新挑战，需提升计算机信息技术素养、多模态立体化教学设计能力、跨学科通识知识、在线评估反馈能力等。学生从"语言知识的被动吸收者"转变为"语言素养的主动建构者"，通过基于任务或项目的探究式学习，充分吸纳来自教师、课件、网络的多渠道给养，促进语言技能与高阶思维能力的互补增长。

二、大学英语智慧教学测试系统

智能教学、深度学习、知识搜索和虚拟现实是信息时代高等教育的必然选择和外语人才培养的必要条件。例如，在外研社主办的 2016 年 "外研社杯"全国英语演讲、写作和阅读大赛中充分运用了人工智能、大数据、移动端等互联网元素，人工智能辅助赛事成为现实。此届大赛将线上学习平台延伸到移动端，提供备赛课程、赛前训练和线上专家指导以及备赛交流群，基于云计算、机器学习和大数据分析，通过强大的信息反馈和数据统计功能，提供内容评阅、数据反馈等技术支持，提高选手的答题效率和评阅质量，同时还为学生提供自习方案，为教师教学提供策略依据以及科研数据支持。赛后，选手和学校还可以继续使用 Unipus 账户，体验丰富的英语测试和海量题库，进行阅读和写作训练以及检测英语水平，以练促学，以测促教，将英语学习持续进行下去。

智慧教学在给大学英语教学带来新机遇的同时，也带来了新的挑战。对于如何使智慧教学发挥更有效的作用以得到更广泛和全面的实践，一些高校建设了智慧教室，转变了教育理念，同时引入 iTEST 3.0 大学外语测试与训练系统减轻学校的测试压力，通过对教学数据的多维度处理践行"以测促教、以测促学"的理念。例如，中国矿业大学已经连续四年使用 iTEST 3.0 进行校本英语水平考试，系统的自建题库功能，机考客户端的安全、稳定、防作弊的特点，一键导出考试统计数据的便利，为该考试提供了有力保障，同时还节约了试卷印刷、人工阅卷、人工成绩统计的成本。在该届大赛中，外研在线自主研发的测评系统提供了稳定可靠的技术支持和专业优秀的内容把关。iTEST 3.0 大学测试与训练系统，为选手和参赛学校提供赛事支持、成绩评阅、数据分析功能，使赛事体验更加流畅。

三、外语智慧教学训练系统

在信息化时代，面对高等教育在国家需求、国际竞争环境、教育资源等方面的重要变化，高校外语教育智慧教学顺应了国家的发展大势，利用设备的智慧，发挥教师的智慧，增进学生的智慧。U校园正是以此为基础，全面升级、全新起航的"智慧教学云平台"，提供教学决策所需要的引导与帮助，满足高校混合式教学模式的需求，以实现学习分析技术在教学实践领域的实用功能。"U校园"横跨教、学、测、评、研、服务等方方面面，用iLearning等全方位自主学习体系加强学生综合语言运用能力，U讲堂、iResearch等支持教师的终身发展，将技术完全融入教育过程，构建良性循环的和谐教育信息生态。教师通过"U校园"移动端，收集学生的学习数据，根据不同学生的学习差异选择适当的评价方式，并制定出不同层次的评价目标，采用定性评价和定量评价相结合的方法，科学地反馈教学成果，最终让学生得到不同程度的提高和进步。

在外语学习的大数据背景下，实现"智慧教学"的有效途径之一是iWrite 2.0大学英语写作教学与评阅系统平台的开发，iWrite 2.0采用链语法和有监督的机器学习相结合的方法，从语言、内容、篇章结构及技术规范四个维度对选手的文章进行机评，同时结合人评，提供全面分析，有效提升写作能力。在iWrite 2.0中设计了阅读、写作和分析三个模块，其中阅读模块正是基于对语言理解能力的考量。iWrite 2.0系统提供的阅读库支持教师根据材料难度、题材等进行筛选，进而选择最符合教学需求的文本语篇。此系统对作文语言和内容的评估也充分考虑了"读后续写"的独特性，对文章内容切题性和连贯性的考查，可以视为针对这一题型的个性化评阅方案。iWrite 2.0 对英语写作教学的辅助作用以及在该过程中产生的大量动态、真实的数据资源，能够为高校英语写作教学及研究提供新的方向与方案。此外，iWrite Corpus 秉持"库学同源、库研同步、库教同理"的理念，通过对高校、专业、使用场景、作文题型等多类元信息进行动态追踪及监测，为中国英语教学提供基于智慧教学的形成性评价和真实语言用例及数据支持。iWrite 2.0 和 iWrite Corpus 不仅能为研究者所用，也能帮助英语教学者进行有据可依的教学实践。

智慧胜于知识，大学英语智慧教学为外语教学带来了机遇与挑战，课堂在重构，智慧教学的教育新格局逐渐形成。然而无论时代如何发展，智慧教学的本质是培养人才，智慧教学与智能学习实质探讨的是新技术如何促教、促研、促学，智慧教育新生态将推进我国高等外语教育的深刻变革。

第五节　信息技术在多模态体验式大学英语教学中的应用

计算机网络和移动互联技术的应用为基于多模态体验式大学英语教学提供了支撑。本节通过教学实践表明，结合网络自主学习平台、微信平台、数字化教学平台，整合传统教学与网络教学的优势，多模态化的体验式大学英语教学培养了学生的综合能力及自主学习能力，提高了大学英语教学的有效性。

一、多模态体验式英语教学

多模态体验式英语教学顾名思义就是在教学活动中整合应用文本符号语言、图像语言、肢体语言、声音语言等，开展英语教学活动和交际活动，创设多模态英语学习条件，确保能实现英语教学活动的优势互补，用丰富的教学资源引导学生对相关英语知识进行自主建构，提高学生对英语知识的学习能力和系统感知能力，促进学生英语语言综合能力的培养。

在多模态话语教学理论指导下开展的英语体验式教学，重点是为学生创设体验学习的条件，使学生能融合自身体验、感悟等理解和记忆英语知识内容，完成对英语知识的建构。一般情况下，在大学英语教学活动中，多模态体验式教学活动的开展将真实语言情境的创设作为依托，让学生在特定的情境中针对英语知识进行自主探究，完成个性学习，对碎片化知识实施合理化的应用，在挖掘学生潜能、激活学生学习体验感的基础上，使学生能在英语学习活动中形成对英语知识的客观系统认识，最大限度地彰显大学英语教学的价值，为学生的发展做出正确的指引。

二、信息技术支持下的多模态体验式大学英语教学

在信息技术的支持下对多模态体验式大学英语教学活动进行改革创新，可以加强对多媒体技术和网络平台的优化利用，构建网络教学、课

堂教学、课外教学"三位一体"的教学模式，对学生实施多元化的教学指导，确保学生在深入探究的基础上，能逐步获得良好的学习体验。

（1）课堂面授多模态体验式教学。在课堂面授环节，按照多模态教学的需求，教师要综合应用电子课件、音响设备、投影设备等开展教学活动，在设计多模态教学情境的基础上，创设体验式教学环境，使学生能在英语学习和探究中获得良好的学习体验，增强学生对英语知识的理解程度和应用能力，展现多模态体验式教学模式在实际应用方面的优越性。

如在《E时代大学英语：读写教程》中 A Better World 的教学活动过程中，教师就可以将其中阅读篇目涉及的内容以投影的方式展现给学生，并为学生安排口语交际方面的教学任务，让学生以小组为单位，选取自己感兴趣的点，模拟情境交际活动，如以"Young people strive to build a better world./Environmental protection can create a better world."等为主题，在教学指导环节，要求学生在情境模拟活动中将情境特色、语言应用方面的特点充分地展现出来，获得理想化的角色体验，最大限度地增强学生学习英语知识的效果，使大学生应用英语知识解决实际问题的能力得到有效培养。

（2）网络平台多模态体验式教学。随着信息技术在教育领域得到广泛的应用，在大学英语教学活动中，教师可以对网络教学平台进行开发，对网络资源实施有效的整合，进而为多模态体验式教学活动的开展提供相应的资源保障，为学生创设语言输入和输出的条件，提供学生针对英语知识进行自主学习和自主探究的基础。在合作探究活动中，教师可以以网络教学平台作为依托，采取教师提出教学问题，学生跟帖回复、讨论的教学模式，提高学生对英语知识的理解和应用能力。

如在 Friends forever 主题单元教学活动中，教师选取有关友谊方面的电影 The Sisterhood of the Traveling Pants 作为切入点，引导学生对电影加以观看，并按照电影内容提出问题，要求学生在回复和讨论环节以情境模拟的方式讨论电影内容、探究电影所表现的情感，并简单地抒发自己对 Friends forever 的理解和认识，确保在多模态英语教学活动中学生能获得理想化的体验，使大学生的英语综合学习能力得到显著的培养。

（3）课外延伸多模态体验式教学。大学英语教学涉及的内容相对较为广泛，在信息时代背景下，教师在开展英语教学活动的过程中，加强对信息技术的应用，还应该注意对课堂教学内容进行适当的拓展和延伸，并设计多模态体验式英语教学活动，使学生能在直观的体验中获得相应的学习理解和感悟。在针对课外延伸教学进行探究的活动中，教师可以按照信息时代的影响组织学生参与英语歌曲的演唱直播、原创配音、微电影创作等方面，在多感官刺激的作用下为学生创造理想化的学习和体验平台，确保学生能参与到课外英语学习体验活动中。

如在对 Family love 单元进行学习的过程中，教师就可以设计让学生以 Family love 为主题参与微电影创作的教学体验活动，如选取"The greatness of the mother in the family, the silent contribution of the father in the family, and the mutual help of the brothers and sisters in the family."为主要内容进行创作，确保学生在学习环节能将视觉感受、听觉感受、读写感受等融入英语学习环节，学以致用表达自己的思想和情感，真正做到应用英语知识解决生活中存在的直接问题。

三、信息技术支持下多模态体验式英语教学效果

　　对信息技术支持下多模态体验式英语教学活动的情况进行观察和分析,发现在多模态体验式教学活动中,大学英语教师全方位加强对信息技术的应用,对教学活动进行创新,为学生创造多模态体验式学习环境,激活学生的个性化学习体验,使学生能在特殊的教学情境中进行系统的探究,发现学生课堂学习态度得到了明显的改善,超过89%的学生认为信息技术支持下的多模态体验式教学趣味性和生动性更强,能使他们集中注意力完成对英语知识的学习,92%左右的学生表示在多模态体验式英语教学活动的作用下,他们的英语综合素质明显增强,并且其中98%左右的学生表示他们的英语交际能力得到明显强化,已经能基本上使用英语知识完成简单的跨文化交流,学生的毕业竞争力得到了良好的培养。

　　综上所述,在信息技术支持下多模态体验式大学英语的教学质量得到了明显的提高,学生学习能力、学习兴趣等得到了全方位的培养,有助于循序渐进地提高英语教学活动的整体质量,对于辅助高校人才培养工作的创新化开展起到了相应的推动作用。

第六节　基于信息技术的网络平台在大学英语教学中的应用

一、信息技术支持

所谓的信息技术（Information Technology，缩写 IT），是指对信息进行管理和处理所采用的各种技术的总称，信息技术包含信息的收集、存储、处理、传播和应用，信息技术体系包含基础技术、支撑技术、主体技术和应用技术。现代教育信息技术的应用，改变了教学环境和学习环境，同时也改变了教学模式和学习方式。笔者所在学校引进了信息技术下的两个网络平台以辅助外语教学。

立体化的网络教学平台——朗文交互英语平台。朗文交互英语平台是北京文华在线教育科技股份有限公司面向高校提供的一个在线开放课程公共服务平台。该平台以培养英语学习者的综合技能为目的。该平台由几个模块组成，教师根据教学需求选择适合教学的模块加以利用。教师可以查询学生的学习进度、布置和批改作业，学生可以自主地进行分级测试、课程学习、访问教师资源等。为了达到培养学生实际交际能力的目的，该平台提供以现实生活为主题的听力、视频、口语学习资料，提高学生的学习兴趣和参与度。这一平台充分利用现代化信息技术创设了大学英语自主学习环境，帮助学生最大限度地自主学习英语。朗文交互英语是一套支持 PC 和手机等终端运行且基于真实语言场景训练听说等英语综合应用能力的英语教学领域的互动教材。

中国最大的英语作文写作平台——批改网。批改网是一个利用语料库系统和云计算技术提供英语作文自动在线批改服务的网站。其主要特点是学生作文提交后立刻给出成绩和总体评价，同时对单词、语法、搭配中存在的问题提出相应的修改建议，学生则根据批改网的提示自主修改作文，多次提交，直至达到满意程度为止。批改网的功能表现在：能逐句指出其中的词汇、语法、搭配等错误。因为批改网是基于语料库对错误进行判断，所以能识别中式英语；能依据教师设置的相似度比例对学生的作文进行相似检测；还能依据关键词匹配度判断学生作文是否切题。

二、基于信息技术的大学英语教学

《大学英语课程教学要求》的教学模式中提到"各高等学校应充分利用现代化信息技术，采用新的以现代化信息技术为支撑的教学模式培养学生个性化发展，提高自主学习能力"。这为大学英语教学改革提供了依据和机会。笔者所在学校于 2014 年率先在吉林省乃至全国农业院校实行大学英语教学改革，压缩了基础英语学时，增加了模块选修和实践课程，以培养学生的语言运用能力。为了支持外语教学改革，学校于 2016 年引进了朗文交互英语平台和写作批改网。

（1）朗文交互英语平台在英语教学中的应用。朗文交互英语平台提供了朗文交互英语课程，该课程以真实的语言场景来训练学生的听、说、读、写、译的综合能力，包括四个等级的教学内容，主要以视频形式体现，包括口语、听力、语法、词汇、发音、阅读、写作以及小测验等。根据大学英语课程设置，基础英语需要四学期完成，因此每学期增加了同一级别的朗文交互英语课程内容。教师根据课程的难易度设置完成的时间，要求学生课后在规定的时间内自主完成，每个学期内完成朗文交互英语课程不同级别的每个部分并且每个部分测试成绩达到60分。除了利用平台提供的学习内容外，教师根据学生的不同需求适当增加教学内容，例如四级模拟题、考研英语材料、雅思材料等以实现个性化教学，做到因材施教。

（2）中国最大的英语作文写作平台——批改网.在英语教学中的应用。批改网的使用流程比较简单：教师首先登录批改网，打开布置新作业窗口，布置作文题目，写明要求，设定完成时间，点击确认布置，系统自动生成相对应的作文号；教师把生成的作文号发布到QQ群，学生按作文号即可找到教师布置的作文题目，并进行写作答题。因大学英语教学改革后学生每学期授课为12周，每周布置1篇作文，一学期可以完成12篇作文，这是传统教学中教师人工批改所完成不了的任务，因为每位教师承担180名左右学生的教学任务。因此，批改网的应用给学生提供大量的写作训练机会，同时也可以减轻教师人工批改作文的繁重工作。批改网在培养学生的自主学习能力以及提高学生的英语写作能力方面发挥了巨大的作用。

总之，在信息化时代，充分利用各种信息手段辅助外语教学是必要的。朗文交互英语平台能提供真实的生活场景，激发学生学习英语的兴趣，使学生在生动活泼的氛围中愉快而主动、自主地学习。学生的英语水平参差不齐，写作能力更是高低不同，学生的写作积极性不高，教师批改作文费时费力，写作是师生双方都头疼的事。但随着科技的迅速发展，批改网为学生提供了写作平台，学生可以根据其提供的关于词汇、语法、句子、篇章等的综合评价而进行反复修改，提高学生的英语写作能力。总之，基于信息技术的网络平台在大学英语教学中的运用，能够提高大学英语的教学质量。

第七节　信息技术结合 PBL 教学模式在大学英语教学中的应用

一、信息技术应用于大学英语教学的时代背景介绍

信息技术应用于教育教学指的是利用以多媒体材料（文字、图像、影像、声音等媒体组合）和互联网通信技术为代表的数字化工具进行学习的新型手段。随着近几十年来该技术的迅速发展，它已被广泛地应用到各种专业科目的教学中，特别是在英语教学领域，其开创性的教学手段为广大英语学者提供了很大帮助。通过图像、声音等媒体手段，信息技术可以将抽象枯燥的学习内容形象化，使晦涩难懂的教学材料变得生动起来。学习材料不再局限于教科书，学习过程也从以读写为主转变为以听说为主。学生可以利用丰富的课外学习资源来搜索获取适合自己的学习内容，可以有针对性地选择听说读写译五项基本技能中的某一个方面来进行专项训练。而教师的教育方法也会更加灵活，可以不受时间和

地理位置的限制，给学生全方位的指导，从而增强教学效果。

二、PBL 教学模式在大学英语课程中的运用特点

PBL 教学模式在大学英语教学中的运用特点体现在"教"与"学"两个方面，由师生之间的相互活动一起构成。在以教师为核心的传统教学模式中，教师是所有课堂教学活动的中心，课堂教学模式单调乏味，学生仅仅只是被灌输知识，缺乏能动性、创新性。然而此教学模式虽然方便于教师安排、掌控和监视课堂教学秩序，却掩埋了学生作为认知主体的作用，特别不利于培养学生的实际语言运用能力，并且还不能培养学生的团队合作能力。与此相对的是，PBL 教学模式将学习内容分解为一个个的问题，并以此作为激励学生学习的手段，而不是重复学习之前学习过的背景知识。

（1）PBL 教学模式有利于教师进行教学反思。通过小组汇报，教师能够更加直接地了解学生的学习情况。及时分析教学过程中学生提供的信息反馈，教师能迅速调整教学策略，引导学生积极地参与到解决问题的过程中。

（2）PBL 教学模式可以创设自然真实的语境，特别有利于学生语言能力的养成。大学英语教师可以按照学习内容和目标设置多种多样的、有效的、引导的、有扩展性的问题，也可以创设与学习主题相关的、与实际情形相似的学习环境。由问题来激发学生对知识的好奇心，从而引导学生运用背景知识，探索问题中所包含的相关知识。

（3）PBL 还能培养学生的创新思维能力。PBL 是促进新思维的催

化剂。它能培养学生搜集信息、归纳材料、大胆假设和验证的能力，提高学习者的自主学习能力；它还可以通过解决各式各样的"疑难杂症"，使学生不断发展创造性思维，从而培养学生的批判思维能力。

（4）PBL教学模式还能使学生养成积极的情感。由于PBL教学模式要运用"小组"活动模式，因此有利于培养学生的团队合作精神。在项目完成过程中，小组成员之间必须进行良好的互动，并且互相勉励。学习者要能够通过小组成员间的相互合作、相互讨论、相互学习，建立起协作与互勉的组员关系，与此同时，在良好的合作氛围和学习环境中构建自己的知识体系。

（5）PBL教学模式有利于学生养成学习的自主性。在PBL教学模式中，教师的主要职责从向学生灌输知识转变为监督和促进学生的自主学习。学生能够自己选择学习内容，以及如何去学习。在理解和回答教师设置的问题的过程中，学生能够培养自学能力。

三、信息技术与PBL教学模式相结合

随着信息技术的不断进步和互联网技术的逐渐成熟，各种信息技术不断应用在大学英语课堂教学中，各种现代化的教学设备在当代大学校园里面也得以配备和完善。PBL教学模式会用到讨论法、展示法、演讲汇报法等教学方法。此外，PBL教学模式更多地依靠学生自主学习，这就要求学生能够利用先进的信息检索技术，选择合适的信息搜索工具，进行材料的收集和学习。在使用现代化的技术手段进行教学方面有很多典型的实例，如使用"美篇"做教学或实习报告、使用"云班课"管理

课堂教学、使用"批改网"批改学生作文等。学生可利用互联网搜索引擎查找与问题相关的材料，利用在线课程自主学习与课程相关的知识，利用终端APP接收教师布置的作业并完成和上交作业，等等。

为了使信息技术与PBL教学模式充分结合，达到更好的教学效果，教师和学生要遵照以下原则：

首先，大学英语教师必须深入发掘教材并制定出完整的授课计划。教师在正式上课前一定要编写好教案，在有条件的情况下可以通过说课来了解课程教学性质、目的、任务和要求。PBL教学模式下的教案编写必须围绕问题展开。教师备课时最重要的任务是给学生设置合理的项目和问题。

其次，大学英语课程所选用的教材要规范化。要组织外语类专业人员编制一套满足大学英语课程教学标准的教材。目前，外语教学与研究出版社推出了一系列适用于不同学习阶段的标准化教材，并且专门针对信息化教育技术的特点和要求制作了相应的数字化课程，使得教师和学生能够使用手机终端学习传统纸质教材上面的内容。外语教学与研究出版社的做法顺应了信息化教学的发展趋势，满足了众多高等院校大学英语课程的教学需求，扭转了信息技术英语教学次序混乱的局面。

再次，大学英语学习情况的评价手段和方式也需要规范化。随着课堂教学的翻转式转变，大学英语教学过程中越来越重视对学生的形成性评价，这也是现代教育发展的趋势。PBL教学模式要求学生充分参与到自主学习的过程中来，因此教师对学生学习过程的监督成为达到教学效果的必经之路。形成性评价的目的就是在关注学习者的个体化差异的同时，对学生的学习过程进行有效监督。

最后，信息技术结合 PBL 教学模式的有效运用关键在于建设一批高质量的师资队伍。教师要具备现代化的教学理念，从心理情感上积极推动信息技术运用于大学英语的教学改革。教师要能够调动学生的正向学习动机，尽量排除非智力因素对学生学习的不利影响。教师要能够尊重学生的个性，因材施教，充分调动学生的主动性，激发学生的潜能，让学生在解决问题的过程中积累经验，增长能力。

四、信息技术结合 PBL 教学模式对大学英语教学的深刻影响

（一）信息技术运用于大学英语教学过程中的显著特点是方便教师使用大量的外部资料和信息源进行备课

多媒体教学工具的使用使教学媒介对知识和信息的传递过程充满趣味性、灵活性、方便性和交互性。运用多媒体技术手段更能调动学生的注意力和学习积极性。例如，教师向学生教授主题为英语天气预报的内容，利用多媒体课件，学生可以通过动态的天气变化图像深刻记忆表示天气的英语词汇和句型，同时课堂也会更加生动有趣。教师在备课时可以考虑布置一个任务，让学生查找英汉不同语言在播报天气时的差异，从而使学生进一步了解跨文化交际中语言的实际运用。

（二）运用网络资料优化英语课堂教学过程

经过充分备课，在课堂上就能够使用多媒体教学设备向学生显示图像、文字、声音以及影像作品等内容，以此丰富课堂教学内容，增强教

学效果。教师在上课之前要把主题、学习材料、问题、作业和解析等做成多媒体课件，等到上课时，教师只需要按顺序播放做好的幻灯片就可以将多种多样的教学材料展示给学生。通过播放提前准备好的幻灯片能为课堂节省繁杂的板书时间。此外，多媒体教学素材的运用为学生提供了更加逼真的语言学习环境，提高了学生练习口语的频度。

（三）现代心理学发现，学习过程不仅是一个接受已有知识的过程，更是一个发现和解决问题的过程

学生学习能力存在着差异，因此给学生更多的自由学习空间更加有利于学生成长，而信息技术则给有着差异能力的学生提供了自由学习的条件。网络给学生提供了丰富多样的学习资源和学习渠道，也给学生提供了充分使用语言的实践机会。

（四）教师利用信息技术进行教学资源扩充，从而使课堂内容得到扩展，提高了信息的使用效率

课堂上的教学内容不再局限于传统的枯燥的平面式题材，而是转为立体的、直观的、生动形象的三维立体空间结构。教学向微观和宏观层面进一步拓展，延伸了学生的思维空间，使得抽象变为具体，逻辑思维迈入更高的层面。学生的语言能力受制于思维的发展，而良好的课堂情境为学生思维的发展创造了有利条件。

总之，教师运用多媒体技术提高了教学能力，实现了差异化教学。PBL依托于信息技术的发展使得教学效果进一步得到增强，从而使教育技术的运用和教学质量的提高进入一个良性循环。

参考文献

[1]张学新.对分课堂：大学课堂教学改革的新探索[J].复旦教育论坛,2014,12（05）：5-10.

[2]汪军,严晓球.近十年来国内大学英语大班教学研究综述[J].教育学术月刊,2011（11）:105-106.

[3]杨淑萍,王德伟,张丽杰.对分课堂教学模式及其师生角色分析[J].辽宁师范大学学报（社会科学版）,2015（09):653-658.

[4]张博雅.对分课堂：大学英语课堂教学改革的新思路[J].科学与财富,2015,(12)：803.

[5]柴霞.基于"对分课堂"的大学英语教学实践与反思[J].曲阜师范大学公共外语教学部,2016,（06）:310.

[6]谷陟云.罗杰斯的人本主义教育观及其启示[J].现代教育科学,2009（10):76-78.

[7]陈爱梅.人本主义学习理论及其对外语教学的启示[J].辽宁师范大学学报,2003（02):28-30.

[8]王健芳.外语教学改革与实践[M].南京：南京大学出版社,2016.

[9]孙立伟.对数字化教学资源建设的思考[J].新西部（下半月）,2007（10):276+270.

[10]杜振华.英语资源服务器及网络语音室的安全管理及实践[J].中国科教创新导刊,2008（17):162.

[11]李建萍.分级教学背景下大学生英语词汇学习策略的调查和分析[J].黄山学院学报,2009（8）:99.

[12]汤闻励.非英语专业大学生英语学习"动机缺失"研究分析[J].外语研究,2012（1）:70-75.

[13]李艳,韩文静.孔子因材施教的教育思想简述[J].吉林教育学院学报,2008（4）:39.

[14]刘英爽.国际化背景下大学英语跨文化教育的瓶颈和转型趋势[J].教育评论,2016（7）:115-117.

[15]王汉英,胡艳红,徐锦芬.美国康奈尔大学外语教学观察与思考[J].教育评论,2015（7）:165.

[16]秦秀白,张凤春.综合教程3(学生用书)[M].上海：上海外语教育出版社,2014.

[17]王允庆,孙宏安.高效提问[M].北京：高等教育出版社,2016.

[18]赵周,李真,丘恩华.提问力[M].北京：电子工业出版社,2018。

[19]陈帅.大学英语修辞教学探析[J].湖北经济学院学报,2013（9）:203-205.

[20]王涛.大学英语教学中英语修辞格的赏析[J].英语广场,2013（10）:97-99.

[21]夏俊萍.浅析大学英语教学中学生修辞鉴赏能力的培养[J].吉林工程技术师范学院学报,2014（10）:68-70.

[22]张红.浅谈英语教学中常见的修辞[J].教师,2015（11）:47-48.